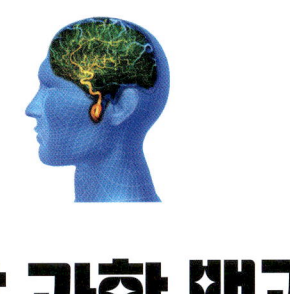

최강 과학 백과

우리는 과학을 통해 굉장히 많은 것을 알아냈고, 그 지식을 활용해 별별 기발한 것들을 만들어 냈어요. 현미경으로 우리 몸속은 물론 원자보다 더 작은 세상을 자세히 들여다볼 수 있게 되었고, 망원경으로 우주 저 멀리까지 내다볼 수 있게 되었지요. 화학 물질이 일으키는 폭발과 총과 폭탄의 작동 원리 등 호기심이 팡팡 터지는 순간도 과학 안에 가득 담겨 있답니다. 몸에 날개를 달고 높은 데서 뛰어내리거나, 죽은 사람을 되살리겠다는 등 조금 황당한 괴짜 과학자들의 이야기도 무척 흥미롭고요. 앞으로도 과학이 할 수 있는 일은 무궁무진할 거예요. 일단은 지금까지 과학이 밝혀낸 신기하고 놀라운 세계를 먼저 만나 보기로 해요. 무엇을 상상하든 그 이상을 보게 될 거예요. 자, 이제 떠나 볼까요?

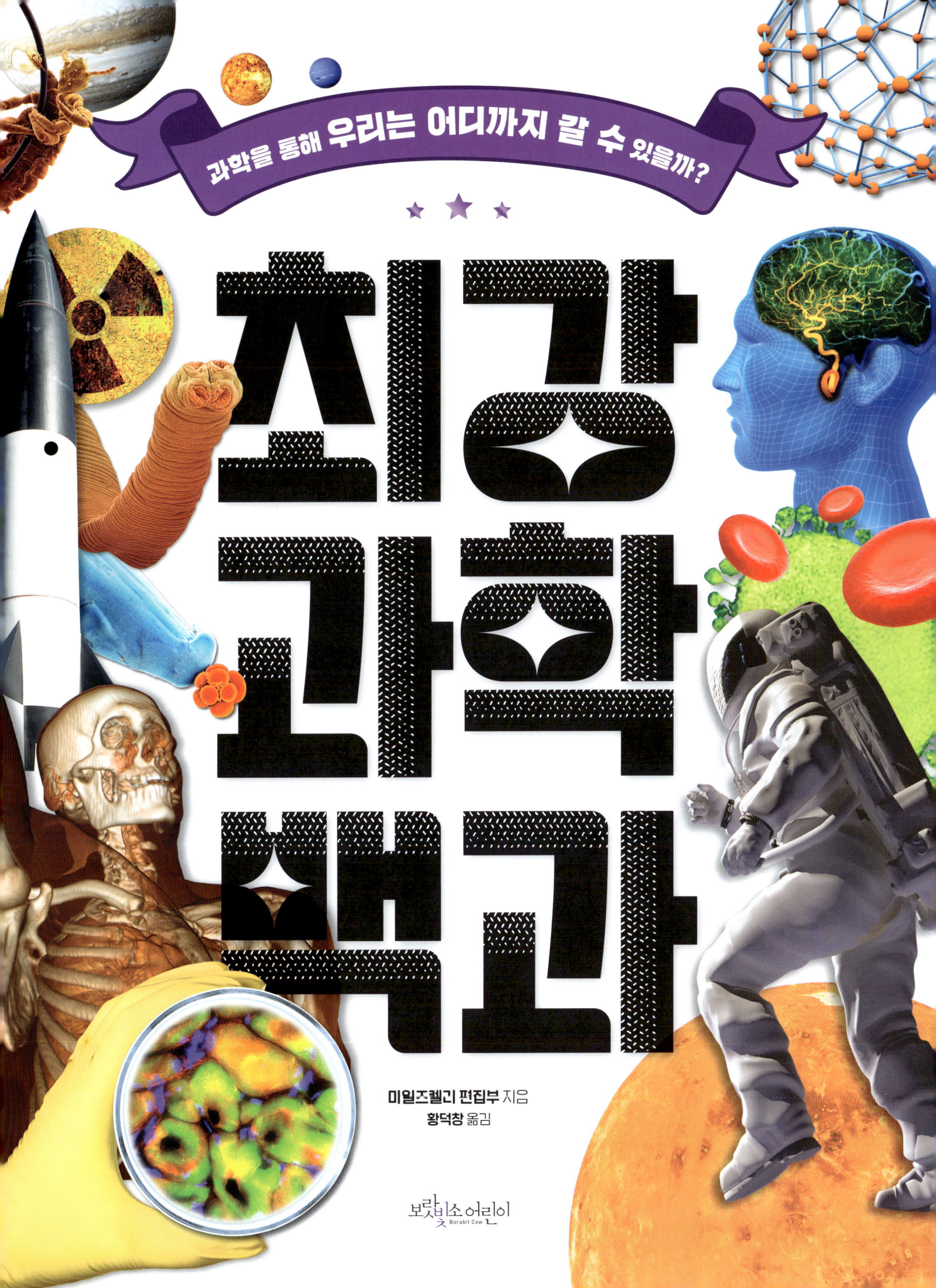

Contents

놀라운 과학 • **6-41**

몸의 과학 • **42-77**

무서운 과학 • 78-113

극한의 우주 • 114-149

찾아보기 • 150

놀라운 과학

우리가 살아가는 세상이 지금의 모습이 되기까지 과학은 실로 중요한 역할을 해 왔답니다. 어려운 문제에 부딪힐 때마다 기막힌 해법을 찾아 주었고, 경이로운 우주의 비밀도 조금씩 풀어 주었지요. 지금부터 과학이 밝혀낸 것들을 함께 살펴볼까요?

대폭발	8
격렬한 화학 반응	10
과학자들이 만든 신기한 물질	12
세상에서 가장 낮은 온도	14
세상에서 가장 높은 온도	16
어마어마하게 큰 우주	18
위대한 프로젝트	20
극도로 작은 세상	22
현미경 속 동물원	24
빛의 마술	26
연구를 위해서라면 어디든 갈 수 있어!	28
힘을 느껴 봐!	30
엉뚱한 과학자들	32
빛과 시간까지 집어삼키는 블랙홀	34
굉장한 수수께끼	36
폭발하는 에너지	38
우주의 탄생	40

▶ 주사 전자 현미경(SEM)은 자그마한 초파리의 눈을 본떠 만든거예요. 초파리의 머리에 달린 한 쌍의 눈은 각각 800개의 렌즈로 이루어져 있답니다.

대폭발

폭발은 우주에서 가장 강력한 사건이에요. 단단한 바위부터 거대한 별 전체까지 모든 것을 산산조각낼 수 있지요. 열 반응, 화학 반응, 또는 핵반응으로 인해 기체가 순식간에 급격히 부풀어 오르면 폭발이 일어나요. 초신성이나 화산 같은 몇몇 거대한 폭발은 자연의 힘에 의해 일어나지만 사람이 의도적으로 일으키는 폭발도 굉장히 강력하답니다.

폭발하는 별

우주에서 가장 큰 폭발은 초신성 폭발이에요. 거대한 별이 수명을 다해 대폭발을 일으키며 사라지는 현상이지요. 초신성은 1000억 개의 별로 구성된 은하만큼이나 밝아서 우주 저 멀리에서도 볼 수 있지만, 일주일 정도 지나면 사라지고 만답니다.

▼ 황소자리 근처에 위치한 게딱지 모양의 게성운은 1054년에 중국 천문학자들이 목격한 초신성의 잔해랍니다.

날 무너뜨려 줘!

주변에 피해나 위험을 끼치지 않으면서 건물을 철거하기 위해 기술자들은 건물을 안에서 폭파시키는 '내파' 방식을 이용해요. 건물 내부의 약한 곳을 잘 골라 폭약을 설치한 다음, 정해진 순서에 따라 차례대로 폭약을 터뜨리지요.

▲ 중국 선양에 있는 18층짜리 아파트를 폭파시켜 철거하는 모습이에요. 더 이상 필요 없는 건물을 부수기 위해 전문가들은 건물 내부에 폭약을 매우 조심스럽게 설치한답니다.

죽음의 덫

지뢰는 땅에 묻어 놓는 폭탄이에요. 트라이나이트로톨루엔(TNT)이라는 화학 물질로 가득 차 있지요. 지뢰가 터지면 그 충격파로 TNT가 순식간에 기체로 바뀌고, 그 기체가 맹렬하게 부풀어 오르면서 끔찍한 피해를 입힌답니다. 지뢰를 작동시키는 것은 안에 설치된 작은 폭약인데, 이것을 '뇌관'이라고 해요. 뇌관은 누군가가 지뢰를 밟거나 자동차가 옆을 지날 때 터지도록 설계되어 있답니다.

폭발력

폭발력은 TNT 무게를 기준으로 측정해요.

폭발	폭발력
1. 커다란 수류탄 :	TNT 85그램
2. 제2차 세계 대전 때 사용한 폭탄 :	TNT 2.7킬로그램
3. 벙커 버스터 폭탄(벙커 내부를 파괴하는 폭탄) :	TNT 1톤
4. 히로시마에 떨어진 원자 폭탄 :	TNT 1만 5000톤
5. 수소 폭탄 :	TNT 50메가톤(5000만 톤)
6. 토바 화산 폭발 :	TNT 85메가톤
7. 초신성 :	TNT 1000조×1조 톤

▶ 채석장에서 폭약을 일렬로 동시에 터뜨려 암석을 부수고 있어요. 건축과 조각품 등의 석재로 쓸 돌을 캐내기 위해서지요.

화산 폭발

화산폭발지수(VEI)는 화산 폭발의 세기를 0부터 8까지 나타낸 거예요. 1980년에 발생한 미국 세인트헬렌스산의 화산 폭발은 VEI 5를 기록했어요. 7만 4000년 전 인도네시아의 토바 화산이 폭발했을 때에는 VEI가 8이었지요. 이는 세인트헬렌스 화산 폭발보다 폭발력이 1만 배나 더 컸다는 의미예요. 토바 화산 폭발은 지금까지 지구상에서 발생한 가장 강력한 화산 폭발 중 하나로 꼽힌답니다.

▼ 화산 폭발은 지구에서 가장 강력한 자연적인 폭발이에요.

암석 부수기

지표면을 덮고 있는 암석을 잘게 부수기 위해 채석장에서는 보통 다이너마이트를 사용해요. 스웨덴의 화학자 알프레드 노벨(1833~1896)이 발명한 다이너마이트는 최초의 고성능 폭약이에요. 톱밥으로 만든 막대기를 니트로글리세린에 담근 다음 종이로 감싼 형태였지요. 니트로글리세린은 산소를 아주 많이 머금고 있어서 열이 가해지면 아주 쉽게 폭발해요. 다이너마이트에 전선을 연결하고 전기를 흘려보내면 열이 발생해 곧 폭발이 일어난답니다.

격렬한 화학 반응

양초가 탈 때, 금속이 녹슬 때, 또는 빵이 오븐 안에서 부풀 때, 화학 반응이 일어나요. 화학 물질들이 만나면 서로 반응해 새로운 물질로 바뀐답니다. 화학 반응들 중에는 조용하고 잔잔한 것들도 있지만, 요란하고 격렬한 것들도 있어요.

우리 몸 안에는 살아 있는 세포가 100조 개 정도 있어요. 그리고 그 안에서는 끊임없이 화학 반응이 일어나요. 이렇게 몸 안에서는 1초마다 4000억 번이 넘는 화학 반응이 일어난답니다!

빵! 터지는 콜라

박하 맛이 나는 민트 캔디를 콜라에 빠뜨리면 곧바로 음료가 보글거리며 거품 분수가 솟구쳐 올라요. 민트 캔디가 콜라와 만나면 화학 반응을 일으켜 탄산 가스 거품이 생기거든요. 다른 물질들도 탄산음료에 넣으면 거품이 이는 경우가 있지만, 특히 민트 캔디는 그 반응이 유난히 더 격렬하답니다.

▲ 민트 캔디의 표면은 미세한 구멍들로 뒤덮여 있어요. 기체 거품이 쉽게 일어나도록 도와 주는 구멍이지요. 이 구멍을 '핵생성 사이트'라고 부릅니다.

▲ 단단한 철이 공기 중의 산소와 반응해 녹이 슬면 쉽게 허물어지고 갈색빛을 띠는 산화 철로 변해요.

산의 위험성

강한 산성을 띠는 물질은 위험해요. 아주 강력한 화학 반응을 일으키거든요. 산성 물질은 수소를 포함하고 있는데, 수소 원자가 물과 섞이면 결합이 느슨해지면서 다른 물질과 매우 잘 반응하는 '이온'으로 바뀌어요. 산이 우리 피부에 닿으면 수분을 흡수하면서 매우 뜨거운 열이 발생해 끔찍한 화상을 입을 수도 있어요. 강력한 산성 물질은 금속도 녹여 버릴 수 있답니다.

▶ 우주선은 대개 거대한 '고체 연료 로켓 추진체(SRB)'의 힘을 받아 땅을 박차고 솟아올라요. SRB는 커다란 원통 모양으로, 그 안에는 우주선을 우주까지 보낼 수 있는 연료가 꽉 차 있어요. 연료가 모두 사용되면 SRB는 버려지고, 우주선은 더 작은 로켓들의 힘으로 여정을 계속 이어간답니다.

로켓 발사

로켓은 연료를 태워서 얻은 엄청난 양의 뜨거운 가스를 이용해 하늘로 빠르게 솟구쳐 올라요. 태운다는 것은 '연소'라는 화학 반응을 말해요. 물질을 태우면 그 열로 인해 연료와 산소가 화학적으로 결합하면서 더 많은 열이 발생한답니다. 이 연소 작용은 보통 공기로부터 산소를 끌어당겨 더 많은 열을 발생시키지만, 로켓의 연료 안에는 산소 혹은 산소를 만드는 산화제가 포함되어 있어요. 로켓은 우주에서 작동해야 하는데 우주에는 공기가 없기 때문이에요.

불꽃놀이

화약을 연소시키면 멋진 불꽃들을 만들어 낼 수 있어요. 이것이 바로 신나는 불꽃놀이랍니다. 화약은 숯 또는 설탕, 질산 칼륨, 황을 섞은 거예요. 숯은 연료가 되고, 질산은 산소를 공급해 주며, 황은 그 반응이 지속되도록 해 주지요. 불꽃놀이의 '펑' 하는 소리는 뜨거운 가스가 부풀면서 화약을 감싸고 있는 종이가 터져서 나는 소리랍니다.

▼ 화약에 다른 화학 물질을 조금 섞어 넣으면 다양한 불꽃 색깔을 만들어 낼 수 있어요.

리튬염은 빨간빛을 내요.

칼슘염은 주황빛을 내요.

구리 화합물은 파란빛을 내요.

바륨 화합물은 녹색빛을 내요.

스트론튬과 구리 화합물은 보랏빛을 내요.

▶ 질산과 구리가 만나면 갈색을 띤 이산화 질소 연기가 뿜어져 나오고, 녹색의 질산 구리 용액이 만들어져요.

구리 녹이기

구리에 질산을 부으면 놀라운 반응을 볼 수 있어요. 구리가 녹으면 짙은 녹갈색 질산 구리 용액이 만들어지고, 그러는 사이에 갈색의 유독성 이산화 질소 연기가 피어오른답니다. 질산 구리 용액에 물을 섞으면 색깔이 맑은 하늘색으로 바뀌어요.

과학자들이 만든 신기한 물질

자연에서 얻을 수 있는 물질 중에는 다이아몬드나 비단처럼 굉장히 튼튼한 것들이 있어요. 하지만 이제 과학자들은 순전히 사람의 손으로 별의별 신기한 물질들을 만들어 낸답니다. 믿을 수 없을 정도로 가벼운 것도 있고, 엄청나게 튼튼한 것도 있으며, 또 어떤 건 매우 가벼우면서도 튼튼하지요.

◀ CRP에 들어 있는 고강도 탄소 섬유는 압력을 흡수하는 기능도 뛰어나요. 장대높이뛰기에서 이용하는 장대에도 CRP가 쓰인답니다. 이 장대는 강하고 잘 휘어지기 때문에 선수가 더 높이 뛰어오를 수 있도록 도와 주지요.

탄소의 힘

과학자들이 만든 신기한 물질 중 탄소 강화 플라스틱이라는 것이 있어요. 탄소로 된 긴 섬유를 플라스틱과 섞어서 만든 것이지요. 이 플라스틱은 다른 플라스틱처럼 매우 가볍지만 탄소 섬유가 더해져 더 강하면서도 잘 휘어진답니다. 장대높이뛰기 선수가 쓰는 장대처럼 가볍고 강하면서도 탄성이 좋은 소재가 필요한 곳에는 딱이지요. CRP는 플라스틱과 탄소를 조합해 만들었기 때문에 '복합 소재'라고도 불러요.

탄소 섬유는 강철보다 강도가 4배나 더 세지만, 무게는 강철의 4분의 1밖에 되지 않아요.

가벼운 젤리

에어로젤(aerogel)은 공기 중에 둥둥 떠다닐 정도로 굉장히 가벼운 물질이에요. '젤'이란 젤리와 비슷한 물질로 대부분은 액체 상태로 되어 있어요. 에어로젤은 젤 안에 있는 액체를 뽑아낸 다음 그 빈자리를 기체로 채운 거예요. 그래서 매우 가벼울 뿐만 아니라 열도 무척 잘 막아 준답니다.

▶ 실험실에서 쓰는 분젠 버너(석탄 가스를 태워 높은 열을 발생시키는 간단한 가열 장치)의 불꽃이 꽃에 닿지 않도록 에어로젤이 불꽃을 완전히 차단하고 있어요.

▶ 지금껏 진행된 달 탐사 프로젝트 중에는 LCROSS 계획이라는 것이 있어요. 머리 부분을 우르츠광 질화 붕소로 만든 우주선을 일부러 달 표면에 부딪히게 해서 그때 일어난 먼지를 과학자들이 분석하는 프로젝트였지요.

굉장히 강해요

우르츠광 질화 붕소는 세상에서 가장 단단한 물질이에요. 다이아몬드보다도 더 단단하지요. 그래서 단단한 물질이 필요하고 비용은 크게 문제가 되지 않는 곳이라면 어디에나 쓰인답니다. 이를테면 땅속의 석유를 찾기 위해 구멍을 뚫는 드릴이나 '벙커 버스터' 폭탄의 뾰족한 끄트머리 같은 곳에 쓰이지요.

강력한 티타늄

금속에 어떤 물질을 섞어 넣으면 합금이 만들어져요. 알루미늄과 마그네슘의 합금은 강하면서도 가벼워서 비행기를 만드는 데 쓰여요. 그런데 제트기의 경우, 굉장히 빨리 날아가기 때문에 공기와의 마찰이 심하고 그만큼 열도 많이 발생한답니다. 알루미늄 합금으로는 그 열을 감당할 수 없지요. 그래서 F-22 랩터처럼 가장 빠른 제트기는 대부분 훨씬 강하면서도 아주 가벼운 티타늄 합금으로 만든답니다.

▲ F-22 랩터의 동체는 매우 가볍고 강한 티타늄 합금으로 되어 있어요. 그래서 시간당 2400킬로미터의 빠른 속도로 날 수 있지요.

▶ 시브리처(Seabrecher)는 케블라로 만든 잠수정이에요. 굉장히 가볍고 튼튼하기 때문에 돌고래처럼 물 위로 튀어 오를 수도 있답니다.

가장 튼튼한 실

미국의 화학회사 듀폰에서 일하던 여성 화학자 스테파니 퀄렉(1923~2014)은 1961년 석유 등의 화학 물질로 합성 섬유를 만드는 방법을 찾아냈어요. 이것이 바로 '아라미드' 섬유예요. 아라미드 섬유로 만든 실인 케블라는 강철보다 5배나 강해요. 펑크가 잘 나지 않는 자전거 타이어부터 현수교 다리를 지탱하는 케이블까지 케블라는 매우 다양한 곳에 쓰인답니다.

▶ 케블라 섬유는 무게에 비해 굉장히 튼튼하기 때문에 방검조끼나 방탄조끼를 만드는 데에도 쓰인답니다.

세상에서 가장 낮은 온도

물이 얼음이 되는 온도를 '어는점'이라고 해요.
기온이 어는점까지 떨어지면 엄청 추울 것 같겠지만,
시베리아나 남극 대륙 같은 곳은 훨씬 더 추워요. 그런데
지구가 속해 있는 태양계에는 상상 이상으로 추운 곳이
있어서 남극 정도의 추위는 우스워 보일 정도랍니다.
그리고 실험실 안에서 과학자들은 원자마저 꽁꽁 얼어
버릴 정도의 극도로 낮은 온도를 만들어 낼 수도 있어요.

 이보다 더 차가울 수는 없다!

이 세상에 있을 수 있는 가장 낮은 온도를 절대 온도(kelvin)
0도(0K)라고 해요. 이는 섭씨 −273.15도에 해당하지요.
이 온도에서는 원자도 에너지를 갖지 못해서 전혀
움직이지 못한답니다.

 차디찬 부메랑

지구상에서 절대 온도 0도에 가까운 온도는 실험실에서만
만들 수 있어요. 하지만 우주에는 절대 온도 0도에 아주 가까운
곳이 있어요. 부메랑성운이라 불리는 가스 구름 안의 온도가
절대 온도 1도(섭씨 −272.15도)랍니다.

−273.15°C   −272.15°C
−459.67°F   −457.87°F

가장 낮은 온도

2003년에 과학자들은 자석 상자 안에
염소 가스를 넣고 차갑게 식혀서 지구에서
가장 낮은 온도를 만들었어요. 그 온도는
0.5나노켈빈(nanokelvin), 그러니까
절대 온도 0도보다 겨우 5억 분의 1도
높은 온도였답니다.

온도를 나타내는 단위

온도를 표시하는 단위는 세 가지가 있어요.
일반적으로는 섭씨(℃) 또는 화씨(℉)를 써요.
화씨를 섭씨로 바꾸는 방법은 간단해요.
32를 빼고, 9로 나눈 다음, 5를 곱하면
된답니다. 반대로, 섭씨를 화씨로 바꾸려면
5로 나누고, 9를 곱한 다음, 32를 더하면
되지요. 하지만 과학자들은 절대 온도(K)를
더 좋아해요. 절대 온도는 0도의 시작점이
섭씨와 달라요. 섭씨 0도는 물이 어는
온도이지만 절대 온도 0도(섭씨 −273.15도)는
세상에 있을 수 있는 가장 낮은 온도를
가리킨답니다.

차갑고 특별한 상태

물질은 보통 온도에 따라 고체, 기체, 액체
세 가지 상태 중 하나로 존재해요. 하지만
절대 온도 0도보다 조금 높은 절대 온도 17도에서
과학자들은 기체를 또 다른 상태로 만들 수 있답니다.
이 상태를 보스–아인슈타인 응축(BEC)이라고 해요.
BEC 상태에서는 원자의 에너지가 너무 적어서
빛도 그 안을 지나가다가는 꼼짝 못하고 멈춰서
버린답니다.

▶ 굉장히 차가운 루비듐 원자(위), 잠깐 BEC 상태로
뭉쳐진 상태(가운데), 그 다음 다시 증발해 버린 상태(아래).

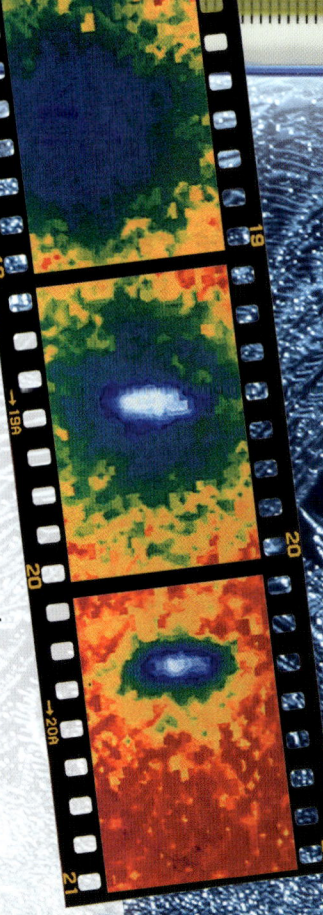

과학자들은 이 기계로 헬륨 기체를 냉각시켜서 액체 상태로 만들 수 있어요.

▶ 남극 대륙에서는 지구상에 자연적으로 나타나는 최저 온도를 경험할 수 있어요.

6 얼음 기지

지금까지 지구에서 가장 낮은 온도를 기록한 곳은 남극 대륙에 있는 러시아의 보스토크 기지예요. 1983년 7월 21일에 섭씨 −89.2도를 기록했답니다.

4 액체 헬륨

헬륨은 굉장히 낮은 온도로 내려가기 전까지는 기체 상태를 유지해요. 절대 온도 4도(섭씨 −269도)에 이르러야 마침내 액체가 된답니다.

7 덜덜덜, 추워!

1933년 2월 6일, 지구상에서 가장 추운 마을 중 하나인 시베리아의 오이먀콘은 기온이 무려 섭씨 −67.7도까지 떨어졌답니다.

5 얼음처럼 차가운 달

태양계에서 가장 추운 곳은 해왕성의 달(위성)인 트리톤이에요. 태양에서 너무나 멀리 떨어져 있는 트리톤은 태양의 열이 거의 닿지 않아 표면 온도가 섭씨 −235도까지 떨어진답니다.

▼ 물이 얼면 밀도(빽빽한 정도)가 낮아지고 부피(공간을 차지하는 정도)는 커져요. 그래서 빙산이 물 위에 뜰 수 있는 거예요.

8 얼음!

물은 보통 섭씨 0도(273.15K)에서 얼지만 소금을 넣거나 압력을 가하면 좀 더 낮은 온도에서도 액체 상태로 유지될 수 있답니다.

세상에서 가장 높은 온도

물질은 에너지를 많이 가질수록 더 뜨거워져요. 우리 몸은 화학 반응에 따른 에너지로 체온을 유지하지요. 태양과 별은 중심부의 핵융합 반응에서 나오는 에너지로부터 엄청난 열을 얻는답니다.

▶ 희뿌연 구름으로 뒤덮인 금성은 표면 온도가 굉장히 높아요. 통조림 깡통도 녹일 수 있을 정도랍니다.

3 펄펄 끓어요
액체의 끓는점은 액체가 기체로 바뀌지 않고 그 상태를 유지할 수 있는 가장 높은 온도를 말해요. 물의 끓는점은 보통 섭씨 100도이지요. 그런데 시간 간격을 두고 뜨거운 물을 내뿜는 간헐천의 땅 밑은 압력이 높아서 물이 더 높은 온도에서도 기체로 변하지 않고 '과열' 상태로 유지될 수 있답니다.

4 열 가두기
금성의 표면 온도는 섭씨 480도까지 치솟아요. 두터운 대기층이 태양열을 가둬 두기 때문이에요.

| 37°C | 41°C | 100°C | 480°C | 827°C |
| 98.6°F | 106°F | 212°F | 896°F | 1521°F |

▲ 적외선을 이용하는 열화상(themogram) 이미지는 뜨거운(흰색) 온도에서 차가운 (파란색) 온도까지, 온도의 차이를 색깔로 구분해 보여 준답니다.

2 가장 더운 곳
에티오피아에 있는 댈롤이라는 지역은 1960년부터 1966년까지 6년간 평균 최고 기온이 무려 섭씨 41도를 넘나들었어요!

5 뜨거운 석탄
석탄에 불을 붙이면 온도가 섭씨 827도까지 올라갈 수 있어요.

1 체온
열이 나는 경우가 아니라면 사람의 정상 체온은 섭씨 37도 안팎으로 유지돼요. 체온이 40도만 되어도 자칫 생명이 위태로울 수 있답니다.

▶ 지구에서 가장 뜨거운 지역인 에티오피아 댈롤에 위치한 이 화산 호수는 대부분 유황 성분으로 이루어져 있어요.

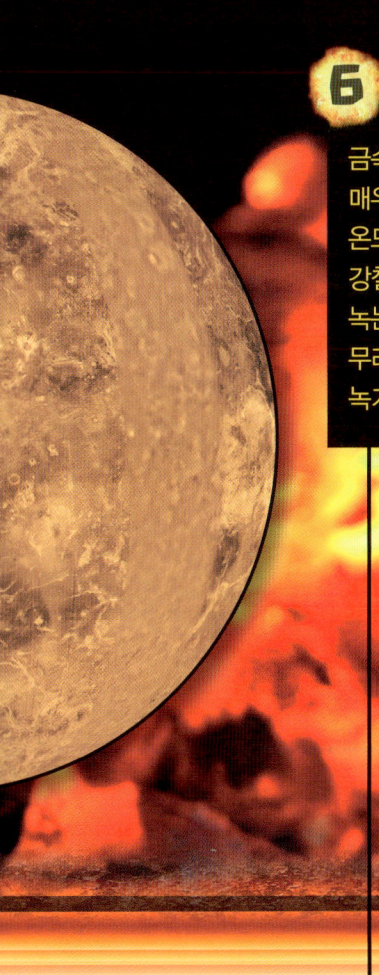

6 금속의 녹는점

금속을 이루는 원자들은 결합력이 매우 강해서 대체로 아주 높은 온도에서도 잘 녹지 않아요. 강철은 섭씨 825도 정도는 되어야 녹는답니다. 심지어 텅스텐은 무려 섭씨 3410도에 이르러야 녹기 시작해요.

8 파란 별

우주에서 가장 뜨거운 별은 용골자리(겨울철 남쪽 하늘에서 낮게 보이는 별자리)의 '에타'라는 별로, 표면 온도가 섭씨 4만 도를 넘어요. 그래서 별이 파란색으로 보인답니다.

10 이보다 더 뜨거울 수는 없다!

2010년 2월, 미국 뉴욕의 브룩헤이븐 국립연구소에서 일하는 과학자들이 엄청난 성과를 이뤄 냈어요. 입자를 고속으로 충돌시키는 기계인 '상대론적 중이온 충돌기(RHIC)'를 이용해 우주 탄생 직후의 가장 뜨거운 온도를 재현한 거예요. RHIC 안에서 금 원자들은 광속에 가까운 속도로 충돌해 순간적으로 섭씨 4조 도에 이른 것으로 측정되었답니다.

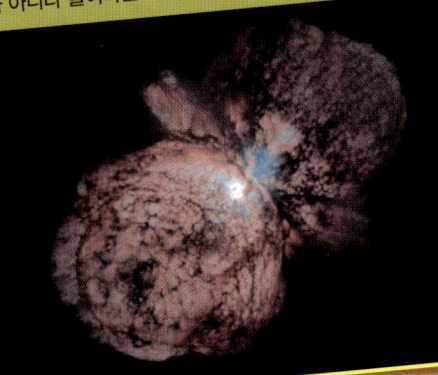

▼ 2005년에 천문학자들은 엄청나게 뜨거운 에타 별이 하나가 아니라 둘이라는 사실을 알아냈어요.

3410°C   5500°C   40000°C

6170°F   9900°F   72000°F

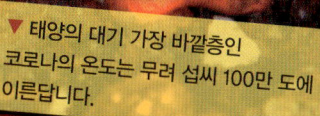

▼ 태양의 대기 가장 바깥층인 코로나의 온도는 무려 섭씨 100만 도에 이른답니다.

7 불타는 태양

태양의 표면 온도는 섭씨 5500도에 달해요. 이 엄청난 열로 인해 햇빛은 노란색을 띠지요. 만약 태양의 온도가 더 낮았다면 햇빛은 좀 더 붉게 보였을 거예요. 태양의 한가운데는 온도가 무려 섭씨 1500만 도나 된답니다!

9 빅뱅의 열

자연상에서 온도가 제일 높았던 시점은 우주가 막 시작되었을 때, 즉 빅뱅의 시기랍니다. 당시 아주 잠깐 동안 온도가 섭씨 2~3조 도까지 치솟았어요!

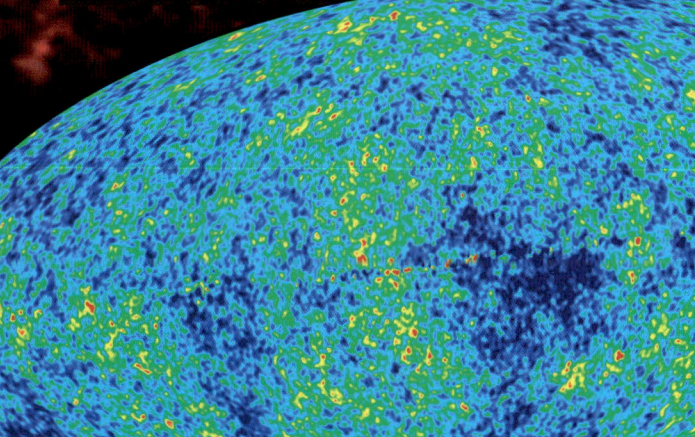

▶ 이 컴퓨터 지도는 우주에 '마이크로파'라는 전파가 어떻게 분포되어 있는지 보여 줘요. 빅뱅 때의 열이 아직도 남아 있음을 알려 주는 증거랍니다.

어마어마하게 큰 우주

지구의 크기에 비하면 우리 인간은 너무나 작아요. 그래서 몇백 년 전 사람들은 지구가 우주에서 가장 클 거라고 생각했어요. 하지만 망원경으로 더 많은 것을 볼 수 있게 되면서 지구가 매우 작다는 것을 분명히 알게 되었답니다.
우주에는 그야말로 어마어마하게 큰 것들이 있었거든요. 지구가 속해 있는 우리은하 전체가 바닷가 모래알처럼 굉장히 작아 보일 정도로 말이에요.

① 가장 큰 행성

목성은 태양계에서 가장 큰 행성이에요. 목성의 지름은 14만 2984킬로미터로 지구의 11.2배나 되고, 부피는 자그마치 1430조 세제곱킬로미터(㎦)에 달해요. 목성 안에 지구를 1300개 넣어도 공간이 남는답니다!

지구의 지름은 1만 2756.1킬로미터이고, 부피는 1조 829억 세제곱킬로미터랍니다.

② 태양

태양에 비하면 목성도 아주 작아요. 태양의 지름은 140만 킬로미터로, 지구의 109배에 이른답니다. 부피는 141경 세제곱킬로미터로, 태양 안에는 지구를 130만 개나 넣을 수 있어요!

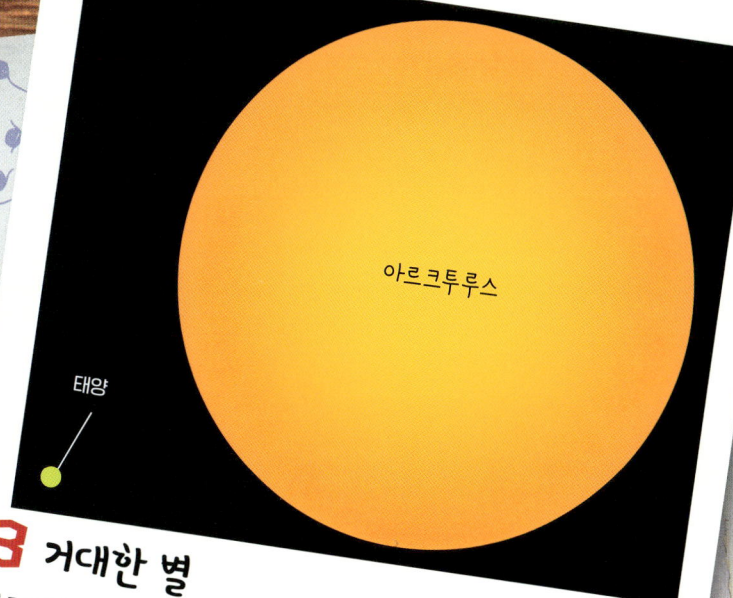

3 거대한 별

아르크투루스라는 별은 태양보다 지름이 2.5배나 더 커요. 밤하늘에서 볼 수 있는 별들 중 세 번째로 제일 밝은 별이랍니다.

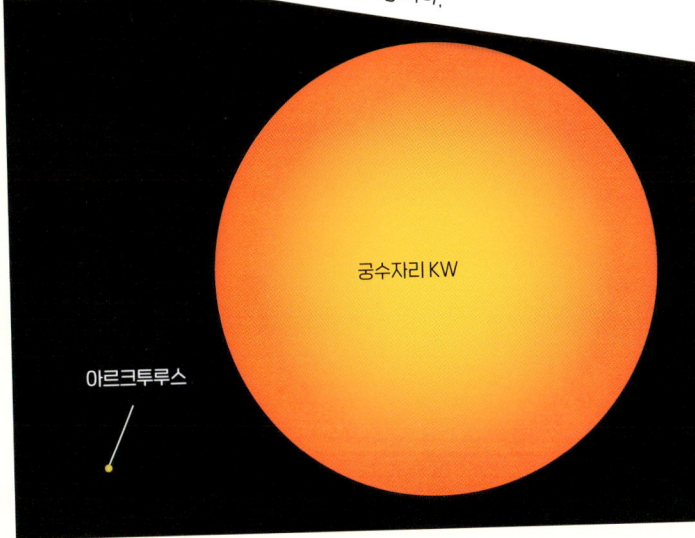

4 가장 큰 별

우리가 알고 있는 가장 큰 별은 궁수자리 KW라는 초거성이에요. 지름이 약 20억 킬로미터나 되는 이 별은 아르크투루스보다 60배 더 크고 태양보다는 1500배나 더 큽니다!

광년

우주는 매우 광활하기 때문에 킬로미터라는 단위로는 감당이 안 돼요. 그래서 천문학자들은 우주의 거리를 잴 때 '광년'이라는 단위를 씁니다. 빛은 언제나 1초에 29만 9792킬로미터의 똑같은 속도로 이동하기 때문에, 우주의 두 곳 사이를 빛이 이동하는 데 몇 년이 걸렸는지를 알면 거리를 측정할 수 있지요. 1광년은 빛이 1년 동안 이동하는 거리로, 9조 4600억 킬로미터랍니다.

우리은하

태양이 만약 모래 한 알의 크기라면, 은하수의 크기는 태양만 하다고 할 수 있어요!

5 우리은하

태양은 우리은하(은하수)에 속해 있는 약 4000억 개의 별 가운데 하나에 불과해요. 우리은하의 지름은 10만 광년, 그러니까 약 백만조 킬로미터에 달해요.

6 가장 큰 은하

IC 1101 은하는 지름이 500만 광년이나 된답니다. 우리은하보다 50배나 더 커요!

7 초은하단

은하수(우리은하)는 '처녀자리 은하단'이라고 불리는 은하의 모임에 속한 2000개 이상의 은하 중 하나예요. 그러나 이 은하단도 초은하단에 비하면 아주 작답니다. 페르세우스자리-물고기자리 초은하단은 지름이 3억 광년이 넘어요. 은하수보다 3000배나 크지요. 태양이 모래 한 알의 크기라고 치면, 초은하단은 태양계 전체에 맞먹을 정도의 크기랍니다.

8 슬론 장성

우주는 마치 거대한 거미줄과 같은 구조를 이루고 있어요. 모든 별과 은하, 은하단은 엄청나게 크고 얇은 벽 안에 모여 있지요. 가장 큰 것은 슬론 장성으로, 그 크기가 13억 7000만 광년이나 된답니다. 은하수보다도 1만 2000배나 넓어요.

위대한 프로젝트

과학자들이 세상 저 끝까지 탐험하려면 어마어마하게 크고 복잡한 장비가 필요할 때가 많아요. 끝없이 넓은 우주를 탐사하려면 엄청나게 큰 망원경과 우주에 설치한 연구소가 필요하지요. 재미있는 건, 가장 크고 정교한 몇몇 기계는 우리 맨눈으로 볼 수 없는 아주아주 작은 것을 연구하기 위해 만들어졌다는 거예요.

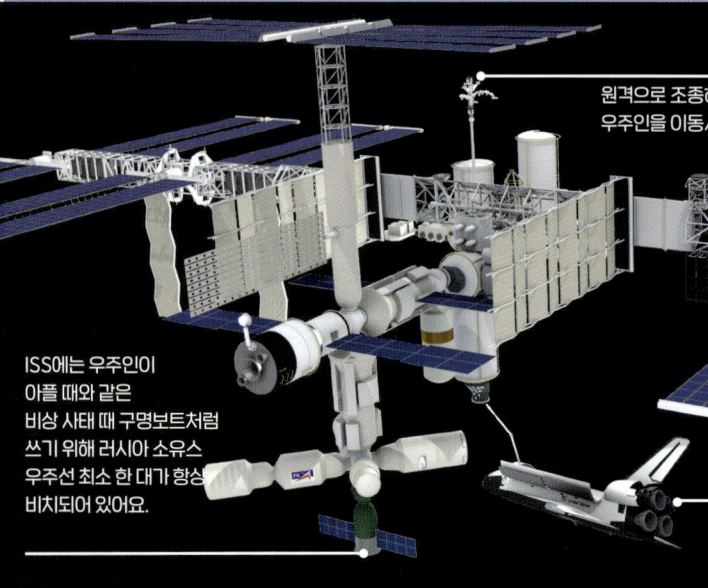

원격으로 조종하는 로봇 팔은 장비와 우주인을 이동시킬 때 사용해요.

ISS에는 우주인이 아플 때와 같은 비상 사태 때 구명보트처럼 쓰기 위해 러시아 소유즈 우주선 최소 한 대가 항상 비치되어 있어요.

ISS를 방문하는 우주선은 도킹 지점에서 ISS와 결합해요.

태양광 패널은 항상 태양을 향하도록 설계되어 있어요.

국제 우주 정거장(ISS)

국제 우주 정거장(ISS)은 여러 국가가 협력해서 만든 가장 큰 우주 정거장이에요. 지구 위 278킬로미터에서 460킬로미터 사이의 궤도를 돌고 있지요. ISS는 지구에서도 맨눈으로 보일 만큼 굉장히 커요. 우주 왕복선으로 부품들을 수십 차례 실어 나르고, 우주인들이 130번 넘게 우주로 나가 조립해 만든 것이랍니다.

▲ ISS는 한 시간에 평균 2만 7743.8킬로미터 속도로 지구 주위를 돌고 있어요. 그렇게 하루 동안 정해진 궤도를 15.7바퀴 회전한답니다.

인간 게놈 프로젝트

몸에 있는 모든 세포는 우리의 생명 유지에 꼭 필요한 특정 명령들을 수행한답니다. 이 모든 명령은 DNA라는 아주 작은 화학 물질로 된 끈에 일정한 순서로 담겨 있어요. 이러한 정보 서열을 '유전자'라고 해요. 인간 게놈(인간의 모든 유전 정보) 프로젝트란 사람의 게놈 지도(한 인간의 DNA 안에 각각의 유전자가 정확히 어디에 있는지 파악하는 것)를 만드는 세계적인 대규모 프로젝트예요. 이 프로젝트는 1990년에 시작되어 2003년에 마무리되었답니다.

▲ DNA 지도의 작은 일부를 보여 주는 컴퓨터 이미지예요. 각각의 사각형은 유전자 정보를 만드는 네 가지 기본적인 화학 물질들이랍니다.

아주 커다란 줄

저 멀리 별과 은하에서 오는 무선 신호를 잘 잡아내기 위해서는 굉장히 큰 무선 접시 안테나가 필요해요. 한 개의 커다란 접시 안테나 대신 넓은 공간에 많은 접시 안테나를 줄지어 세워 놓을 수도 있지요. 미국 뉴멕시코주 세인트 오거스틴의 넓고 평평한 땅 위에는 '아주 커다란 줄'이라는 뜻의 VLA(Very Large Array)가 있어요. 이곳에는 36킬로미터에 걸쳐 27개의 접시 안테나들이 Y자 모양으로 줄지어 서 있답니다.

밀레니엄 런

'밀레니엄 런'은 지금까지 만들어진 가장 큰 컴퓨터 시뮬레이션(세상에서 실제 일어나는 일을 컴퓨터 속에서 실현해 보는 것) 중 하나예요. 우주의 일부에 있는 모든 입자들의 컴퓨터 모델을 만들고, 우주가 어떻게 진화해 왔는지에 관한 이론을 테스트하는 것이지요. 2005년의 첫 밀레니엄 런은 20억 광년 크기의 우주 공간에 있는 2000만 개의 은하와 관련된 100억 개의 입자들에 각각 어떤 일이 발생했는지를 추적했어요. 이 시뮬레이션으로 얻은 이미지를 통해 과학자들은 우주 전체에 암흑 물질(열이나 에너지를 전혀 내보내지 않기 때문에 망원경으로 볼 수 없는 물질)이 퍼져 있다는 사실을 알아냈답니다.

▼ 밀레니엄 런으로 만든 이 컴퓨터 이미지는 2억 600만 광년 크기의 우주 공간에 암흑 물질이 어떻게 퍼져 있는지 보여 줍니다.

▲ VLA에 있는 27개의 접시 안테나들은 각각 지름이 25미터랍니다.

전파 망원경을 이용해 과학자들은 은하수 주변에 퍼져 있는 가스 구름의 지도를 완성했고, 은하수 한가운데 거대한 블랙홀로 보이는 것이 있다는 사실도 알아냈어요.

극도로 작은 세상

돋보기로 우리 피부를 들여다보면 맨눈으로는 볼 수 없는 아주 세세한 것들까지 볼 수 있어요. 여기에서 더 나아가 과학자들은 현미경을 개발해 우리가 훨씬 더 작은 세계도 볼 수 있게 해 주었답니다. 사실 아무리 성능 좋은 돋보기라도 물체를 겨우 몇 배 정도 크게 보여 주는 수준에 불과해요. 하지만 최고 성능의 주사 터널링 현미경(STM)으로는 물체를 수십억 배나 크게 확대할 수 있고, 심지어 원자보다 작은 입자까지도 볼 수 있답니다.

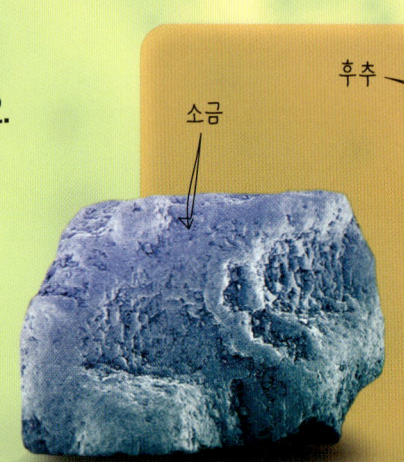

1 소금과 후추

10^{-3}m(1밀리미터)

맨눈으로 보면 후추는 짙은 갈색이라는 것 말고는 소금과 무척 비슷해 보여요. 하지만 해상도 높은 현미경으로 보면 이 둘이 얼마나 다른지 알 수 있지요. 후추는 식물의 씨앗이고 소금은 광물 결정이거든요.

2 사람의 머리카락

10^{-4}m(100미크론)

머리카락을 손으로 만져 보면 매끈하고 가늘게 느껴지지만, 현미경으로 보면 표면이 거칠고 작은 나무기둥 같은 모습이라는 것을 알 수 있어요.

3 적혈구

10^{-5}m(10미크론)

최고 성능의 광학 현미경을 이용하면 우리 혈액 속에 작고 붉은 세포가 있다는 것을 알 수 있어요. 하지만 그 모양까지 또렷하게 보려면 주사 전자 현미경(SEM)이 필요하답니다. SEM으로 적혈구를 살펴보면 건강한 상태일 때 단추 모양이라는 것을 알 수 있지요.

4 세균

10^{-6}m(1미크론)

광학 현미경으로는 박테리아(세균)를 겨우겨우 볼 수 있지만, SEM으로는 아주 자세한 모습을 볼 수 있어요.

◀ '헬리코박터 파일로리'라는 세균은 사람의 위장에서 살아요. 이 세균은 소화불량 등을 일으키곤 한답니다.

5 바이러스

10^{-7}m(100나노미터)

바이러스는 세균보다 훨씬 작아요. 투과 전자 현미경(TEM) 같은 성능 좋은 전자 현미경으로만 볼 수 있지요.

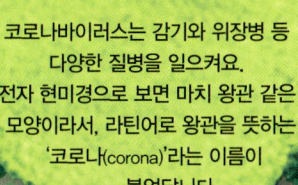

코로나바이러스는 감기와 위장병 등 다양한 질병을 일으켜요. 전자 현미경으로 보면 마치 왕관 같은 모양이라서, 라틴어로 왕관을 뜻하는 '코로나(corona)'라는 이름이 붙었답니다.

과학자들은 원자 하나 정도로 작은 전자 기기도 만들 수 있어요. 머지않아 모래 한 알 크기의 고성능 컴퓨터도 나올지 몰라요!

6 분자

10^{-8}m(10나노미터)

원자 현미경(AFM: 광학 현미경과 전자 현미경에 이어 개발된 제3세대 현미경)과 최고 성능의 투과 전자 현미경(TEM)으로는 DNA 가닥이 실제로 어떻게 생겼는지 볼 수 있어요.

◀ TEM으로 약 50만 배쯤 확대하면 DNA를 또렷하게 볼 수 있답니다.

현미경

광학 현미경은 여러 개의 렌즈를 이용해 물체를 확대해서 보여 줘요. 약 2000배까지 크게 볼 수 있지요. 이것으로 볼 수 있는 가장 작은 물체는 500나노미터(1미터의 5000억 분의 1) 정도랍니다.

전자 현미경은 물체를 2만 배나 확대할 수 있어요. 이 현미경은 렌즈가 아니라 전자를 이용해요. 물체에 전자를 쏘아서 튕겨 나오는 형태를 기록하지요. 그래서 현미경의 접안 렌즈를 직접 들여다볼 필요가 없어요. 관찰 대상이 화면에 뜨거든요.

주사 터널링 현미경(STM)과 **원자 현미경**(AFM)은 관찰하려는 물체에 거의 닿은 상태로 작동해요.. AFM의 경우 축음기의 레코드판에 올리는 바늘과 비슷하게 생긴 뾰족한 침을 물체에 최대한 가깝게 접촉시켜요. 이 현미경으로는 원자도 볼 수 있답니다.

7 원자

10^{-9}m(1나노미터)

원자를 보려면 주사 터널링 현미경(STM)이 있어야 해요.

23

현미경 속 동물원

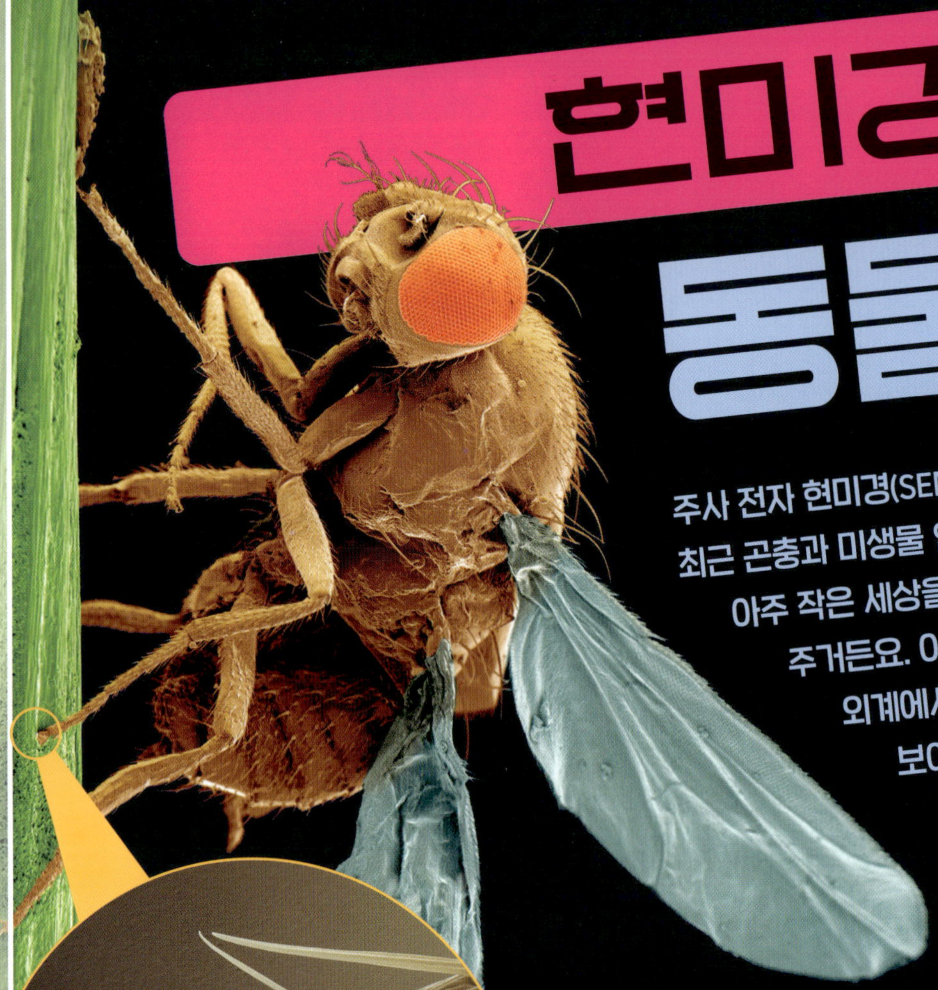

주사 전자 현미경(SEM)과 주사 터널링 현미경(STM)은 최근 곤충과 미생물 연구 분야에서 적극 활용되고 있어요. 아주 작은 세상을 놀랍도록 자세하고 분명하게 보여 주거든요. 이 현미경을 이용하면 제일 작은 벌레들조차 외계에서 온 생명체처럼 커다랗고 무시무시하게 보여요. 이 세상에는 생각보다 엄청나게 많은 종류의 작은 생명체들이 살고 있답니다.

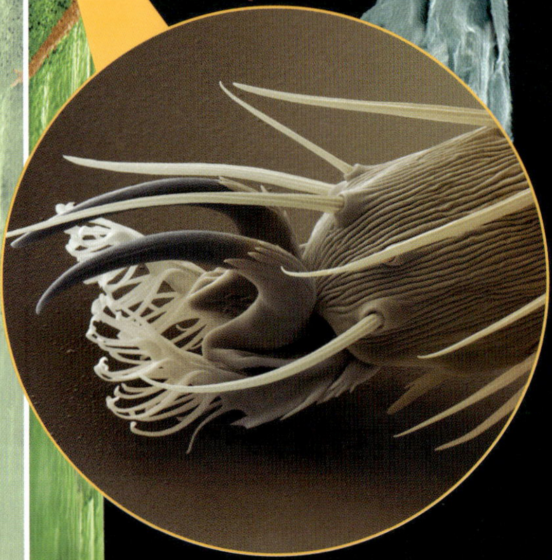

◀◀ 아주 작은 초파리를 SEM으로 본 모습. 다리(왼쪽) 끝에 달린 갈고리 모양의 '발톱'을 확대한 거예요.

작은 파리

왼쪽 원 속의 사진은 주사 전자 현미경(SEM)으로 800배 이상 확대한 초파리 이미지예요. 초파리의 다리 끝에 두 개의 갈고리 모양을 한 긴 발톱이 뻗어 나와 있는 것을 볼 수 있지요. 발톱 아래에 있는 털 같은 줄기는 '흡착반'이라는 끈적한 패드로 덮여 있어요. 이것 덕분에 초파리는 매끄러운 유리 같은 곳에도 수직으로 착 붙어 있을 수 있지요. 과학자들은 초파리처럼 매끄러운 표면에도 안정적으로 달라붙을 수 있는 인공 나노 소재를 개발하고 있답니다.

위 속에 사는 벌레

투과 전자 현미경(TEM)을 이용하면 사람의 위 속에 있는 미생물의 모습을 볼 수 있답니다. 아래 그림은 '헬리코박터 파일로리'라는 세균을 7700배 확대한 거예요. 이 세균은 많은 사람들의 위, 그중에서도 위와 십이지장을 잇는 아래쪽 유문부에 살아요. 다행스럽게도 이 세균은 대체로 별다른 증상을 일으키지는 않아요.

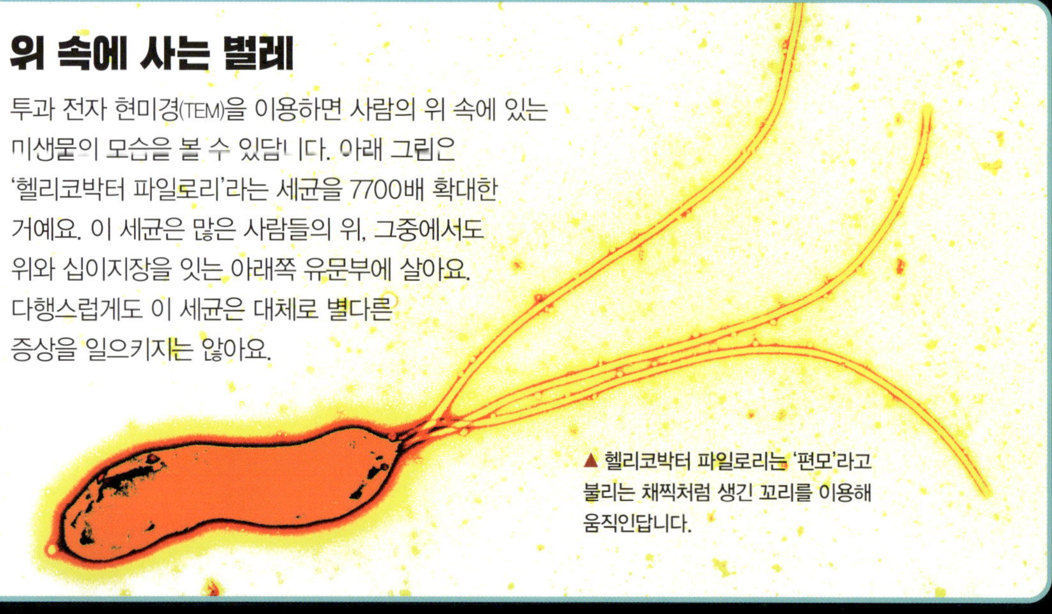

▲ 헬리코박터 파일로리는 '편모'라고 불리는 채찍처럼 생긴 꼬리를 이용해 움직인답니다.

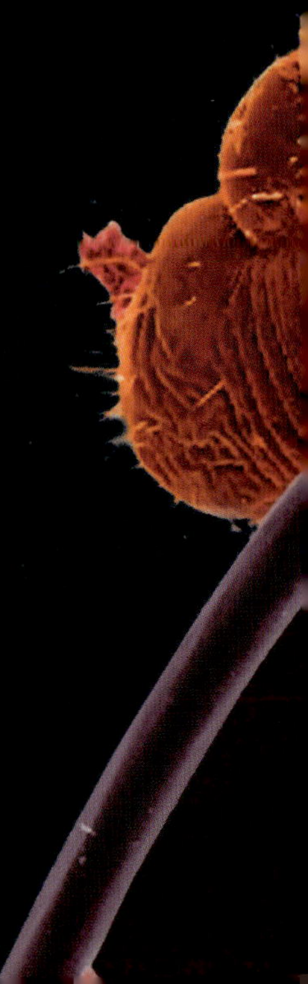

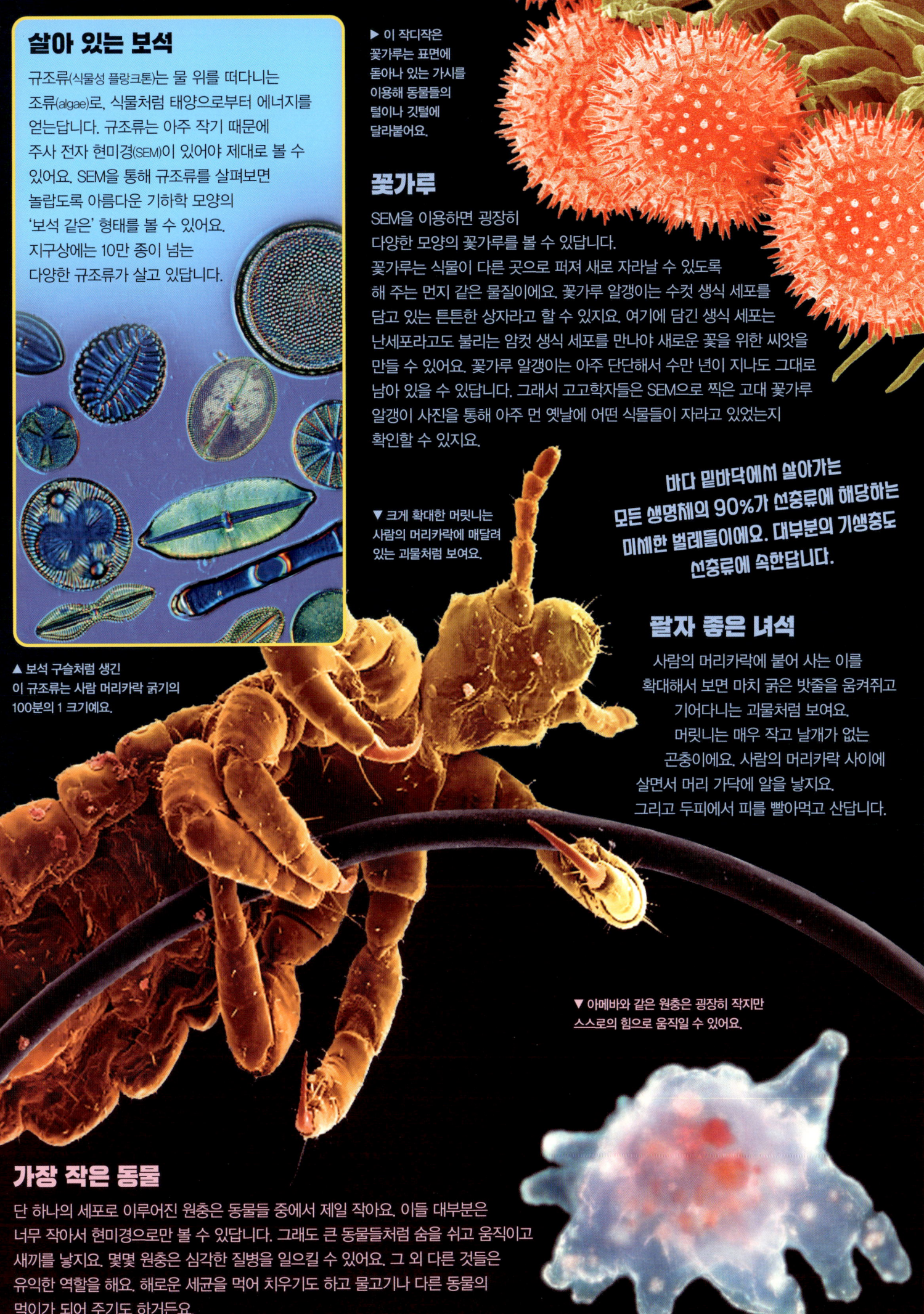

살아 있는 보석

규조류(식물성 플랑크톤)는 물 위를 떠다니는 조류(algae)로, 식물처럼 태양으로부터 에너지를 얻는답니다. 규조류는 아주 작기 때문에 주사 전자 현미경(SEM)이 있어야 제대로 볼 수 있어요. SEM을 통해 규조류를 살펴보면 놀랍도록 아름다운 기하학 모양의 '보석 같은' 형태를 볼 수 있어요. 지구상에는 10만 종이 넘는 다양한 규조류가 살고 있답니다.

▲ 보석 구슬처럼 생긴 이 규조류는 사람 머리카락 굵기의 100분의 1 크기예요.

▶ 이 작디작은 꽃가루는 표면에 돋아나 있는 가시를 이용해 동물들의 털이나 깃털에 달라붙어요.

꽃가루

SEM을 이용하면 굉장히 다양한 모양의 꽃가루를 볼 수 있답니다. 꽃가루는 식물이 다른 곳으로 퍼져 새로 자라날 수 있도록 해 주는 먼지 같은 물질이에요. 꽃가루 알갱이는 수컷 생식 세포를 담고 있는 튼튼한 상자라고 할 수 있지요. 여기에 담긴 생식 세포는 난세포라고도 불리는 암컷 생식 세포를 만나야 새로운 꽃을 위한 씨앗을 만들 수 있어요. 꽃가루 알갱이는 아주 단단해서 수만 년이 지나도 그대로 남아 있을 수 있답니다. 그래서 고고학자들은 SEM으로 찍은 고대 꽃가루 알갱이 사진을 통해 아주 먼 옛날에 어떤 식물들이 자라고 있었는지 확인할 수 있지요.

▼ 크게 확대한 머릿니는 사람의 머리카락에 매달려 있는 괴물처럼 보여요.

바다 밑바닥에서 살아가는 모든 생명체의 90%가 선충류에 해당하는 미세한 벌레들이에요. 대부분의 기생충도 선충류에 속한답니다.

팔자 좋은 녀석

사람의 머리카락에 붙어 사는 이를 확대해서 보면 마치 굵은 밧줄을 움켜쥐고 기어다니는 괴물처럼 보여요. 머릿니는 매우 작고 날개가 없는 곤충이에요. 사람의 머리카락 사이에 살면서 머리 가닥에 알을 낳지요. 그리고 두피에서 피를 빨아먹고 산답니다.

▼ 아메바와 같은 원충은 굉장히 작지만 스스로의 힘으로 움직일 수 있어요.

가장 작은 동물

단 하나의 세포로 이루어진 원충은 동물들 중에서 제일 작아요. 이들 대부분은 너무 작아서 현미경으로만 볼 수 있답니다. 그래도 큰 동물들처럼 숨을 쉬고 움직이고 새끼를 낳지요. 몇몇 원충은 심각한 질병을 일으킬 수 있어요. 그 외 다른 것들은 유익한 역할을 해요. 해로운 세균을 먹어 치우기도 하고 물고기나 다른 동물의 먹이가 되어 주기도 하거든요.

빛의 마술

지난 몇십 년 동안 과학자들은 빛과 방사선에 관해 아주 많은 것을 알아냈어요. 그리고 이를 이용해 옛날에는 마법처럼 여겼던 여러 가지 일들을 할 수 있게 되었답니다. 홀로그램을 만들거나 거리를 정확히 재는 것 같은 흥미로운 일들도 레이저 빛이 있기에 가능했지요. 다른 종류의 빛들도 여러 용도로 쓰이고 있어요. 살아 있는 사람의 뇌를 들여다보거나 범죄 현장의 보이지 않는 지문을 찾아내는 등 빛을 이용해 우리는 여러 가지 일들을 할 수 있답니다.

◀ 자기 공명 영상(MRI)으로 살아 있는 사람의 몸 안을 '들여다볼' 수 있어요. 옆의 사진처럼 뼈(흰색)와 폐(주황색)가 3차원으로 보여요.

몸속 들여다 보기

의사와 과학자들은 우리 몸의 내부를 보여 주는 3차원(입체) 이미지를 얻기 위해 자기 공명 영상(MRI)을 이용해요. 자기 공명이란 자기장을 이용해 몸 안쪽의 상태를 알아보는 기술이에요. 강력한 자석을 사용해 몸에 있는 모든 원자의 핵을 한쪽 방향으로 정렬시킨 다음 자석의 스위치를 꺼요. 그러면 원자핵이 원래의 위치로 다시 뒤집어지면서 광자(방사선 입자)를 내보내지요. 이들 광자를 탐지 기계가 잡아내요. 이 정보를 이용해 컴퓨터로 3차원 이미지를 만드는 거예요.

▼ 이것은 영국의 늪지대에 2000년 넘게 묻혀 있던 '린도맨(Lindow Man)'의 홀로그램이에요. 린도맨은 1984년 8월 영국 맨체스터 공항 근처에서 발견된 고대인의 시체로, 아주 오랜 시간이 흘렀음에도 보존 상태가 상당히 좋았다고 해요.

홀로그램의 마법

홀로그램은 레이저 광선을 둘로 나눠서 만드는 3차원 입체 이미지예요. 둘로 나뉜 레이저 광선 중 하나를 기준 광선이라고 하는데, 이것은 곧장 카메라로 들어가요. 다른 하나는 물체에 부딪혀 튕겨 나오면서 원래 일정한 물결 모양이던 레이저 파동의 패턴이 깨져요. 카메라는 기준 광선과 물체에 부딪혀 깨진 패턴 사이의 간섭(둘의 차이)을 기록해요. 이 데이터를 이용해 3차원 이미지를 만드는 거예요. 움직이지 않는 홀로그램은 약 50여 년 전에 나왔지만 과학자들은 실제처럼 보이는, 움직이는 홀로그램을 열심히 연구하고 있답니다. 언젠가 과학자들은 진짜처럼 보이는 홀로그램을 만들 수도 있을 거예요.

▼ 범죄 현장의 벽에 튄 피나 체액의 흔적은 그냥은 보이지 않지만 자외선(UV)을 쪼이면 모습을 드러낸답니다.

레이저 광선

레이저 광선은 1960년에 미국의 물리학자 시어도어 메이먼이 처음 발명했어요. 레이저 광선은 우주에 있는 자연의 빛과는 전혀 다르답니다. 자연적인 모든 빛은 한마디로 '뒤죽박죽'이라고 할 수 있어요. 파장이 제각각인 광자(빛의 알갱이)가 마구 섞여 있기 때문이지요. 레이저 광선 속의 광자는 파장이 모두 동일하고 잘 뭉쳐요. 그래서 하나의 색을 띠는 강렬한 빛을 이룬답니다. 그리고 일반적인 빛에 비해 쉽게 흩어지지도 않아요. 실제로 레이저 광선은 달까지 갔다가 반사되어 돌아올 때에도 한 줄기의 곧은 형태를 그대로 유지한답니다.

범죄 증거 찾기

범죄자들은 증거를 남기지 않으려고 애를 쓰지만, 자외선(UV)을 이용하면 맨눈에 보이지 않았던 갖가지 증거들을 찾아낼 수 있어요. 범죄 현장에 자외선을 쪼이면 남아 있는 지문이나 체액의 흔적이 고스란히 드러나거든요. 자외선은 보라색 빛보다 파장이 더 짧아서 우리가 맨눈으로 볼 수 있는 범주(가시광선)를 벗어나기 때문에 우리 눈에는 보이지 않는답니다.

별 만들기

공기 속에는 먼지가 떠다니고 있어서 저 너머에 있는 우주를 또렷이 보기가 쉽지 않아요. 별이 반짝이는 것처럼 보이는 이유도 그래서지요. 천문학자들은 이런 먼지들을 감안해 망원경이 찍은 이미지를 컴퓨터로 보정하는데, 이때 기준으로 삼는 것이 밝게 빛나는 별이랍니다. 이러한 기술을 적응광학(AO)이라고 불러요. 하지만 천문학자들이 연구 대상으로 삼는 곳들 중에는 밝게 빛나는 별이 없는 곳도 있어요. 이럴 때는 레이저를 쏘아 올려 길잡이가 되는 별빛을 직접 만들어 내지요.

◀ 천문대가 쏘아 올린 레이저 광선은 천문학자들의 연구를 돕는 '나트륨 길잡이 별'이 된답니다.

레이저의 정밀도

레이저 광선은 아주 정밀해서 거리를 정확히 재는 데도 이용할 수 있어요. 예를 들어 지질학자들은 바다를 끼고 있는 대륙 사이의 거리를 재기 위해 인공위성에 레이저를 쏘아 튕겨 돌아오는 것을 측정하는데, 오차가 겨우 몇 밀리미터밖에 안 된답니다. 레이저 거리 측정계인 라이다(LiDAR)는 즉각적으로 3차원 지도를 만드는 놀라운 기계예요. 측량용 비행기나 인공위성이 목표물 위를 날면서 레이저 빛을 촘촘하게 쏴요. 그리고 목표물에서 반사되어 돌아오는 것을 감지기가 받아서 3차원 이미지를 만들어 낸답니다.

연구를 위해서라면 어디든 갈 수 있어!

실험실 안에서 연구를 진행하는 과학자들도 있지만, 극한의 상황 속에 직접 뛰어들어 데이터를 모으고 관찰을 하는 과학자들도 있답니다. 더 많은 것을 알아내기 위해 허리케인 한가운데로 날아들고, 살을 에는 남극 대륙의 추위에서 몇 달을 버티고, 활화산 속으로 걸어 들어가기도 하지요. 또 깊은 동굴 속으로 기어 들어가고, 바다 깊숙한 곳까지 잠수해 들어가고, 밀림의 높은 나무 위를 타고 올라가는 등 별의별 엄청난 일들을 하는 과학자들도 있어요. 뭔가 알아낼 게 있다면 과학자들은 어디든 출동할 거예요!

화산학자들은 살아 있는 화산(활화산)에서 가져온 물질로 실험을 해요.

뜨겁고 위험해요

화산 근처는 굉장히 위험하답니다. 열과 연기로부터 몸을 보호하는 방호복이 나름 방패 역할을 해 주지만, 갑자기 화산이 폭발할 경우 방호복으로는 안전이 보장되지 않아요. 역사상 가장 유명한 두 화산학자인 모리스 크래프트와 카티야 크래프트 부부도 화산에서 목숨을 잃었어요. 1991년 일본의 운젠 화산을 카메라에 담으려다가 동행했던 41명의 기자들과 함께 사망하고 말았지요. 잠잠하던 운젠 화산이 갑자기 폭발하면서 부글부글 끓는 뜨거운 가스와 화산 잿더미가 단 몇 초 만에 그들을 덮쳤거든요.

위험한 요리

화학자인 헬렌 메이너드-카셀리는 부엌에서 꽤 위험한 요리를 해요. 식재료는 크림, 설탕, 빵과 같은 평범한 것들이지만, 여기에 아주 강한 압력과 온도를 가하면서 어떤 일이 일어나는지 살펴보고 있거든요. 액체 질소로 크림의 온도를 섭씨 -170도까지 낮추거나, 타 버린 토스트를 아주 세게 눌러서 그 안의 탄소가 다이아몬드처럼 단단해지도록 만들기도 하지요. 헬렌의 동료인 콜린 풀럼은 영국 스코틀랜드에 있는 에든버러의 과학 센터에서 일하고 있는데, 탄소를 다이너마이트로 터뜨려서 다이아몬드를 만든답니다!

독한 가스가 차 있는 동굴 속에서 과학자들이 산소 마스크를 쓰고 실험 재료를 모으고 있어요.

폭풍을 뒤쫓는 사람들

토네이도는 굉장히 강력한 폭풍이에요. 깔때기 모양으로 소용돌이치는 바람 기둥으로 인해 건물이 부서지거나 트럭이 떠밀려 뒤집히기도 하지요. 하지만 좁은 지역에서 잠깐 동안만 발생하므로 15분을 넘기는 경우는 거의 없어요. 미국의 기상학자 척 도스웰과 조시 워먼 같은 과학자들은 연구를 위해 아주 빠른 속도로 토네이도를 뒤쫓곤 한답니다. 폭풍에 휘말릴 수도 있는 위험을 떠안고 말이지요. 토네이도를 쫓는 일이 마냥 재미있어 보이는지 단순히 스릴을 즐기려고 토네이도를 찾아다니는 사람들도 있어요. 정부의 관련 기관들은 혹시나 그로 인한 사망 사건이 발생하지는 않을지 염려하지요.

땅속으로

영국의 동굴 생물학자 헤이젤 바턴 교수는 극한의 조건에서 살아가는 세균을 연구하기 위해서라면 땅속 깊숙한 곳까지도 기꺼이 들어간답니다. 그런 세균들 중에는 깊고 위험한 동굴 같은 곳에서만 찾을 수 있는 것들도 있거든요. 연구를 위해 바턴 교수는 아주 좁은 통로를 비집고 들어가 지하의 물속을 헤엄쳐야 할 때도 있어요. 그런 곳은 앞이 거의 보이지 않을뿐더러 공기에 독성이 포함되어 있는 경우가 많아 그야말로 위험천만하지요.

폭풍을 뒤쫓는 사람들은 토네이도가 다가오는 길목에 다급히 날씨 측정 장치를 설치해요.

토네이도의 한가운데에서 어떤 일이 일어나는지 기록하는 기계랍니다.

해양 생물학자가 살펴보고 있는 이 작은 귀상어는 그리 위험하지는 않아요. 하지만 상어들 중에는 훨씬 크고 사나운 녀석들도 있답니다.

위험한 바닷속 탐험

바닷속 탐험은 목숨을 걸어야 할 정도로 위험할 수 있어요. 물에 빠져 죽을 위험은 물론, 상어와 해파리, 스톤피시 같은 위험한 생물들로 인해 크게 다칠 수도 있거든요. 물속으로 더 깊이 들어가면 뼛속까지 얼 정도로 춥고 한 치 앞도 안 보일 만큼 깜깜해요. 압력도 매우 높아서 자동차를 찌그러뜨릴 수 있을 정도랍니다.

힘을 느껴 봐!

힘은 물체를 움직이게 해요. 물체를 밀거나 당길 수 있고, 속도를 더 빠르게 하거나 늦출 수도 있지요. 두 물체끼리 서로 가까워지게도, 멀어지게도 할 수 있어요. 힘이 가해지지 않으면 어떤 것도 움직이기 시작하거나 멈출 수 없을 거예요. 아주 미약한 힘도 있지만, 무서울 정도로 강한 힘도 있어요. 기계를 이용하면 우리 몸만으로 낼 수 있는 것보다 더 큰 힘을 얻을 수 있지만, 사실 정말로 강력한 것은 자연의 힘이랍니다.

불끈불끈 자동차

일률(power)은 단순히 힘만이 아니라 그 힘이 얼마나 빨리 전달되는지도 함께 나타내는 단위예요. 1킬로와트(kW)의 일률은 힘의 단위인 1뉴턴(N)으로 1초마다 1미터씩 움직이게 한다는 의미예요. 작은 승용차는 50킬로와트(kW) 이하로도 움직일 수 있지만, 최고 성능의 자동차가 순간적으로 속도를 올리려면 많은 힘이 필요하지요. SSC 얼티밋 에어로 TT라는 자동차의 엔진은 무려 960킬로와트의 힘을 낸답니다.

▼ 엠마머스크 호는 워낙 거대해서 그 옆을 지나는 모든 배들이 작아 보여요. 엠마머스크는 엔진 무게만 해도 2500톤이 넘는답니다.

배의 힘

무거울수록 움직이게 하려면 더 많은 힘이 필요해요. 세계에서 가장 무거운 초대형 컨테이너선인 '엠마머스크'에는 제일 강력한 모터가 달려 있어요. 바로 '바르질라—슐저 RTA96' 디젤 엔진이지요. 이 엔진은 83메가와트의 힘을 발휘하는데, 이는 고성능 자동차의 100배에 맞먹는 힘이랍니다!

다양한 힘 비교하기

1뉴턴(N)은 질량이 1킬로그램인 물체가 움직이는 속도를 1초마다 초속 1미터씩 가속시키는 힘을 말해요. 이 힘은 바다를 향해 큼직한 조약돌을 던질 때의 힘과 비슷한 정도랍니다.

45뉴턴	어른 한 명을 밀어 쓰러뜨리는 데 필요한 힘이에요.
670뉴턴	태권도의 손날치기로 널빤지를 부술 때의 힘이에요.
300~730뉴턴	지구가 우리를 땅 위에 붙잡아 놓는 중력의 힘이에요.
2000뉴턴	축구공을 제대로 한 방 찼을 때의 힘이에요.
2900뉴턴	태권도로 기왓장을 부술 때의 힘이에요.
7000뉴턴	자동차가 속도를 높일 때의 힘이에요.
50만 뉴턴	커다란 기관차가 움직이는 힘이에요.
77만 뉴턴	점보 제트기의 엔진이 동체를 밀어 올리는 힘이에요.
3300만 뉴턴	새턴 V 로켓이 하늘로 올라갈 때의 힘이에요.
200만 × 1조 뉴턴	달과 지구가 서로 잡아당기는 힘(인력)이에요.
3500억 × 1조 뉴턴	태양과 지구 사이의 인력이에요.

인간이 만든 가장 강력한 힘들 중 하나가 새턴 V 로켓이에요. 이 로켓의 추진력으로 아폴로 우주선이 달에 갈 수 있었지요. 3단계로 구성된 이 로켓의 첫 단계 추진력은 무려 340만 뉴턴이었어요.

▼ SSC 얼티밋 에어로 TT는 최고 성능의 스포츠카예요. 이 차는 최대 시속 430킬로미터까지 달릴 수 있답니다.

인력

세상에는 많은 종류의 힘이 있어요. '접촉'을 통한 힘은 야구방망이로 공을 치는 경우처럼 물체에 직접 닿아서 밀거나 끌어당겨요. 반면, 직접 닿는 대신 '거리를 두고' 작용하는 힘도 있어요. 우주의 모든 인력, 그러니까 중력, 전자기력, 그리고 원자를 붙잡아 두는 힘인 핵력 등은 일정 거리를 두고 작용하지요. 이런 힘들은 힘이 미치는 두 대상 사이의 거리에 반비례해요. 즉, 둘 사이가 멀어질수록 힘은 약해진답니다.

별의 지진

우주에는 지구의 모든 힘을 압도하는 어마어마한 힘들이 있답니다. 2004년 12월 27일, SGR1806-20이라는 별에서 엄청난 에너지를 내뿜는 폭발이 일어났어요. 이것을 '별에서 일어나는 지진'이라는 뜻의 '성진'이라고 불러요. 성진의 힘은 10조×1조×1조 킬로와트에 달해요. 만일 이 별이 지구에서 10광년 거리에 있었다면 지구도 산산이 조각났을 거예요. 다행히도 이 별은 훨씬 더 멀리 떨어져 있답니다!

▲ 2004년에 발생한 SGR 1806-20 별의 폭발은 너무나 어마어마해서 지구에서도 보일 정도였어요.

◀ 1989년에 샌프란시스코에서 발생한 지진으로 인해 건물들이 무너져 내렸어요.

산도 벌벌 떠는 힘

거대한 새턴 V 로켓을 쏘아 올릴 정도의 엄청난 추진력도 지진을 일으키는 자연의 힘에 비하면 한없이 작아진답니다. 지진은 제일 약한 것도 6만 킬로와트나 돼요. 1960년에 칠레를 강타한 역대급 지진은 무려 11조 킬로와트였어요. 이렇게 무시무시한 힘으로 지진은 산 전체를 들었다 놓을 수도 있답니다.

엉뚱한 과학자들

과학자들은 대부분 똑똑하고 합리적이지만, 간혹 보통 사람들은 도무지 이해하지 못할 아이디어를 붙들고 늘어지는 경우도 있어서 약간 정신이 나간 사람처럼 보이기도 해요. 어떤 과학자는 정말로 황당해 보이는 연구에 매달려 있기도 한답니다. 지금껏 가장 특이하게 여겨졌던 과학자들 몇 명만 살펴볼까요?

만병통치약

독일의 화학자이자 물리학자, 신학자였던 요한 콘라트 디펠(1673~1734)은 인간이 죽지 않고 영원히 살도록 해 주는 만병통치약을 만들 수 있다고 굳게 믿었어요. 심지어는 그 약으로 죽은 사람도 되살릴 수 있을 거라고 생각했지요. 그는 독일의 프랑켄슈타인 성에서 죽은 사람의 시체를 가지고 이런저런 실험을 했어요. 그의 이런 기이한 실험에 관한 이야기에서 영감을 얻어 영국의 소설가 메리 셸리는 《프랑켄슈타인》이라는 소설을 썼답니다. 프랑켄슈타인 박사와 그가 만든 괴물에 관한 이야기지요. 디펠은 프러시안 블루라는 약도 만들었는데, 이것은 최초의 화학 염색약으로 지금도 옷감 염색에 두루 쓰이고 있답니다.

▲ 요한 콘라트 디펠은 죽은 사람을 되살릴 수 있는 약을 만들 수 있다고 생각했어요.

그가 곧 전기다

세르비아계 미국인 과학자 니콜라 테슬라(1856~1943)는 전기를 아주 먼 곳까지 보낼 수 있는 교류(AC) 기술을 발명해 우리가 지금처럼 전기를 쓸 수 있도록 만들어 준 천재랍니다. 하지만 테슬라의 이론들 중에는 좀 황당한 것들도 있었어요. 일례로 전선 없이 공기를 통해 에너지를 전달한다는 아이디어가 있었지요. 당시로서는 꽤 비현실적으로 보였던 이 아이디어는 현재 무선 전력 송신 기술로 실현되어 있어요. 한편, 살인 광선 무기를 만들겠다는 계획도 있었는데 다행히도 이 아이디어는 결실을 거두지 못했답니다.

▶ 테슬라의 독특한 아이디어 중에는 자석 코일을 이용해 지구를 거대한 우주선으로 만들려는 계획도 있었답니다.

나는 날 수 있다고!

가장 용감한 혹은 가장 미치광이 같은 과학자들 중에는 직접 하늘을 날아 보려는 시도를 했던 사람들도 있었답니다. 날개를 몸에 묶고 높은 곳에서 뛰어내렸다가 그대로 영영 돌아오지 못한 사람들도 많아요. 그중 가장 과감하고도 성공적인 사람은 독일의 오토 릴리엔탈(1848~1896)이에요. 릴리엔탈은 1890년대에 글라이더를 타고 2000번 넘게 성공적으로 하늘을 날았답니다. 하지만 안타깝게도 1896년에 비행 실험을 하다가 목숨을 잃고 말았어요. 그로부터 7년 뒤인 1903년에 라이트 형제가 최초로 비행기를 타고 하늘을 나는 데 성공했어요. 릴리엔탈의 선구적인 실험들에 힘입은 결과였지요.

▶ 1893년 독일 베를린 근처 언덕에서 오토 릴리엔탈이 글라이더를 타려고 준비하고 있어요.

▶ 케빈 워릭이 자신의 생각대로 움직이는 사이보그 팔을 선보이고 있어요.

사이보그

사이보그는 공상 과학 소설이 만들어 낸 존재로, 반은 사람이고 반은 로봇이에요. 하지만 영국의 과학자 케빈 워릭(1954~)은 몸소 나서서 실제로 사이보그가 되었답니다. 미쳐서 그랬던 건 아니에요. 장애가 있는 사람들을 도울 방법을 찾기 위해 자기 몸으로 실험을 한 것이지요. 그는 전자 장치를 팔에 심어서 몸속 신경 시스템을 컴퓨터와 직접 연결시켰어요. 그렇게 해서 생각하는 것만으로도 컴퓨터를 작동시킬 수 있게 되었지요.

인간 로켓

독일에서 태어난 미국의 과학자 베르너 폰 브라운(1912~1977)은 우주 과학 기술의 개척자예요. 그는 아주 어릴 때부터 로켓에 푹 빠져 지냈답니다. 열두 살 때는 장난감 수레에 폭죽을 달고 불을 붙여 길거리 위에서 로켓처럼 튀어나가는 바람에 동네를 발칵 뒤집어 놓은 적이 있어요. 그 일로 경찰에 붙잡혀 가기도 했고요. 폰 브라운은 제정신이 아니라고 여겨질 만큼 로켓 과학에 푹 빠져 있었어요.

▶ 독일에 있을 당시 베르너 폰 브라운은 장거리 탄도미사일인 V2 로켓 개발을 주도했어요. 제2차 세계 대전 이후에는 미국으로 건너가 우주 개발 프로그램에서 중요한 역할을 했답니다.

빛과 시간까지 집어삼키는
블랙홀

블랙홀은 중력이 엄청나게 강해서 주변의 모든 것을 빨아들여요. 심지어 빛까지도 모조리 빨아들인답니다. 그러면 블랙홀은 어떻게 생겨나는 걸까요? 별이나 은하의 일부분이 매우 강력하게 뭉쳐지면 그 자체의 중력으로 인해 붕괴되면서 무한히 작은 한 점으로 쪼그라들어요. 이 점을 '특이점'이라고 부르는데, 이것이 바로 블랙홀의 중심을 이룬답니다. 특이점 주위의 중력은 어마어마해서 빛도, 우주도, 심지어 시간까지도 빨아들여요.

우주의 블랙홀에서 빛이 사라지는 지점을 직접 관찰하기란 불가능해요. 하지만 영국 스코틀랜드에 있는 세인트앤드루스대학교의 과학자들은 실험실에서 레이저 광선을 일정한 간격으로 쏘아서 가상의 블랙홀을 만들어 냈답니다.

늙은 초신성

태양보다 무거운 거대한 별(거성)이 진화의 마지막 단계에서 폭발해 '초신성'이 될 때도 블랙홀이 생겨날 수 있어요. 우주 공간에서 빛조차 빨아들이는 블랙홀을 실제로 찾아내기란 불가능하지만, 천문학자들은 블랙홀이 다른 물체에 미치는 영향을 통해 그 존재를 이따금 확인할 수 있답니다. 종종 별들은 둘 이상이 짝을 이루거나 같은 중심 주위를 도는 쌍성계를 이뤄요. 만약 이런 쌍성 중 하나가 블랙홀일 경우, 천문학자들은 블랙홀의 강한 중력이 그것과 짝을 이루는 별(짝별)에 미치는 영향을 관찰할 수 있을 거예요. 또한 짝별에서 뜯겨 나와 블랙홀로 빨려 들어가는 물질이 내뿜는 X선을 관측할 수도 있을 테고요. 블랙홀로 빨려 들어가는 물질은 블랙홀 주위를 맴돌면서 굉장히 뜨거워지기 때문에 강한 X선이 방출되거든요.

▶ 블랙홀(오른쪽)이 짝을 이루는 다른 별(왼쪽)로부터 어떤 물질들을 빨아들이고 있어요. 이것은 어느 예술가의 상상에서 탄생한 그림이랍니다.

어마어마한 질량(거대 질량)

은하수 한가운데 궁수자리 A*라는 곳에는 불과 3광년 크기의 공간에 2000만 개의 별이 가득 차 있고, 이들은 대단히 빠른 속도로 돌고 있어요. 계산을 해 보면 이 별들은 태양보다 200만~300만 배 더 무거운 무언가의 중력에 붙들려 있는 것으로 보여요. 이 '무언가'를 천문학자들은 '거대 질량 블랙홀'이라고 불러요. 과학자들은 모든 나선 모양의 은하 한가운데에는 이러한 블랙홀이 있을 거라고 예상한답니다.

▲ 천문학자들은 NGC 4438(NGC는 성단, 성운 및 은하를 체계적으로 정리한 목록을 말해요) 주위의 분홍색 구름이 은하의 한가운데 있는 거대 질량 블랙홀에서 뿜어져 나오는 가스 거품일 거라고 말해요. NGC 4438은 처녀자리에 있는 한 쌍의 은하인 '눈모양 은하' 중 하나예요. 이것과 짝을 이루는 다른 은하는 NGC 4435랍니다.

▲ 화가자리 A 은하 안에 위치한 블랙홀의 강력한 자기력은 수천 광년 길이의 X선 제트 광선을 방출한답니다.

제트 광선

블랙홀이 물질을 빨아들이기만 하는 건 아니에요. 빨아들인 물질을 산산조각 내면서 남은 찌꺼기들(원자보다 작은 입자들과 전자들)을 방출하기도 하지요. 이것을 '제트'라고 부른답니다. M87 은하 중앙에 있는 거대한 블랙홀은 이러한 찌꺼기로 된 밝은 빛줄기를 수천 광년 거리까지 뿜어내는데, 어두운 우주에서 이 빛은 마치 강렬한 탐조등처럼 보여요.

블랙홀의 안쪽

모든 블랙홀에는 '사건의 지평선'이라는 것이 있어요. 이 선을 넘어가면 다시는 돌아올 수 없지요. 이 경계선 너머에서는 시간이 아무런 의미가 없어지고, 심지어 빛조차 빠져나올 수 없답니다.

외부에서 본다면, 사건의 지평선에 도달하는 모습은 결코 볼 수 없을 거예요. 대신에 물체가 빨려드는 속도가 점점 느려지고 차츰 검붉어지다가 결국에는 완전히 사라지는 것처럼 보일 거예요.

여러분이 블랙홀 안으로 빨려 들어간다면, 마치 국수 가락처럼 길쭉하게 늘어질 거예요. 발을 잡아당기는 중력이 머리를 잡아당기는 중력보다 훨씬 더 클 테니까요. 천문학자들에 의하면, 국수 가락처럼 최대한 기다랗게 늘어지다가 끝내 산산이 조각나고 말 거라고 해요.

이렇게 산산이 조각나는 동안 시간은 굉장히 빠르게 흘러갈 거예요. 어쩌면 블랙홀 안에서 바깥을 보면 미래가 순식간에 휙 스치는 모습이 보일지도 몰라요. 하지만 블랙홀 안에서 빠져나올 수도, 어떤 메시지를 밖으로 전달할 수도 없을 거예요. 블랙홀에서는 빛조차 빠져나갈 수 없으니까요.

시간을 뛰어넘는 터널

블랙홀이 화이트홀과 이어져 있다고 여기는 과학자들도 있어요. 화이트홀이란 블랙홀과 반대로 우주로 물질과 방사선을 분수처럼 쏟아 내는 천체를 말해요. 몇몇 과학자들은 블랙홀과 화이트홀이 시간과 공간을 통과하는 터널로 이어져 있을 거라고 생각하는데, 이 터널을 '웜홀'이라고 부른답니다. 만약 웜홀 같은 것이 진짜로 존재한다면, 이 터널을 통해 굉장히 먼 거리를 순식간에 이동할 수도 있고, 시간을 뛰어넘어 옛날 또는 미래로 갈 수도 있을 거예요.

굉장한 수수께끼

스위스와 프랑스 사이 국경 지역의 땅속 깊숙한 곳에는 길이 27킬로미터가 넘는 둥근 모양의 터널이 있어요. 그 안에는 대형 강입자 충돌기(LHC)라는 세계에서 가장 큰 기계가 있답니다. 기다란 원통형 튜브 모양의 그 기계 안에서 강입자(원자보다 작으며 원자의 일부를 이루는 알갱이)들은 굉장한 속도로 빙글빙글 돌면서 서로 강하게 충돌해요. 이렇게 해서 과학자들이 알아내려는 것은, 우주에 관한 근원적인 의문에 대한 해답이에요. 예를 들면 물질들이 왜 질량, 가속도, 관성과 같은 특징을 가지는지 등의 궁금증이지요.

▼ LHC는 상상 이상의 낮은 온도에서 작동시켜야 해요. 이것이 바로 극저온 냉동 장치랍니다.

▶ LHC의 검출기 화면에 나타난 이 컴퓨터 시뮬레이션은 힉스 보손(오른쪽을 보세요)을 찾아냈을 때의 모습이에요. 원자를 이루는 작은 알갱이들이 사방으로 흩뿌려지고 있지요.

◀ LHC는 강력한 자석을 이용해 파이프 속에서 알갱이를 반대 방향으로 가속시킨 다음 정면으로 충돌시켜요. 이렇게 알갱이들이 서로 부딪혀 깨지는 잠깐 동안 나타나는 새로운 조각들을 특수한 센서가 추적한답니다.

▼ 운동량의 영향을 가장 잘 보여 주는 것이 자동차 충돌 시험이에요. 충돌 직후 차의 앞면은 찌그러지고, 안에 타고 있던 시험용 인형은 앞으로 튀어 나가게 되지요.

힉스 보손을 찾아서

전자기 방사선 같은 힘은 아주 작은 '배달원' 알갱이가 전달하는데, 이 알갱이를 '보손'이라고 불러요. 과학자들은 질량이 대체 무엇인지, 그리고 물질이 왜 관성이나 운동량을 갖게 되는지는 아직 정확히 알지 못해요. 이런 수수께끼의 답이 힉스 보손이라는 알갱이에 있을지도 몰라요. 힉스 보손은 아마도 이런 식으로 작용하는 것 같아요. 연예인이 파티에 나타났다고 생각해 볼까요? 연예인이 가는 곳마다 팬(힉스 보손)들이 주변에 몰려들 거예요. 이는 팬들이 연예인에게 '질량'을 전달한 것으로 볼 수 있어요. 그런데 몰려든 팬으로 인해 연예인은 움직이기 힘들어져요. 말하자면 '관성'이 생긴 거지요. 그리고 연예인과 팬들이 움직이기 시작하면 그들을 멈춰 세우기 힘들어져요. 팬들에 의해 연예인에게 '운동량'이 주어진 거예요. 과학자들이 LHC에서 강입자를 충돌시켜 찾아내려고 하는 것이 바로 힉스 보손이라는 수수께끼 알갱이랍니다.

운동량(모멘텀)

물체들은 일단 움직이기 시작하면 밖에서 힘이 가해지지 않는 한 멈추지 않아요. 물체가 지닌 질량이 움직임을 지속시키기 때문이지요. 이것을 운동량(모멘텀)이라고 해요. 태양계 행성들이 태양 주위를 계속해서 도는 이유도 운동량 때문이에요. 속도가 붙은 롤러코스터가 다음 경사로를 오를 수 있는 이유도 운동량 때문이고요. 운동량의 영향을 제일 잘 보여 주는 것이 자동차 충돌 시험이에요. 자동차와 인형의 운동량은 자동차가 벽과 충돌할 때, 그것들을 계속해서 앞으로 나아가게 만든답니다. 이로 인해 자동차와 인형이 벽으로 돌진하게 되지요.

관성

어떤 물체를 움직이게 하려면 힘이 필요해요. 그 물체가 가진 질량이 움직임을 막고 있기 때문이지요. 이것을 '관성'이라고 합니다. 투포환 선수가 쇠로 된 무거운 공을 앞으로 세차게 던지려면 많은 힘이 필요한 것도 관성 때문이에요. 투포환 선수가 무거운 쇠공을 던지려면 관성을 넘어서는 큰 힘을 이용해야 한답니다.

◀ 투포환 선수가 무거운 쇠공을 던지려면 관성을 넘어서는 큰 힘을 써야 한답니다.

질량

운동량과 관성은 질량과 떼려야 뗄 수 없는 관계랍니다. 운동량과 관성의 크기는 질량에 좌우되거든요. 질량이 클수록 운동량과 관성도 더 커진답니다.

폭발하는 에너지

원자의 한가운데에는 핵이 있어요. 이 원자핵은 대체로 꽤 안정적인 상태를 유지해요. 하지만 항상 그런 건 아니랍니다. 이따금 핵의 일부가 깨지거나(방사능) 두 개로 갈라지기도 하거든요(핵분열). 큰 압력을 받으면 두 개의 핵이 서로 붙어서 하나가 될 수도 있고요(핵융합). 원자핵에 이런 일들이 발생하면 물질과 에너지가 폭발하듯 쏟아져 나오는데 이를 '방사선'이라고 해요. 우주에는 자연 방사선이 가득 차 있고, 별은 핵융합의 에너지로 밝게 빛나요. 우리 인류는 이 에너지를 활용하는 방법을 알아냈어요. 이를 통해 전력을 생산하기도 하고 핵폭탄을 만들기도 하지요. 특히 핵폭탄은 인류 역사상 가장 파괴적인 무기랍니다.

태양의 힘

태양이 밝게 빛나는 이유는 크기가 매우 커서 중심부의 압력이 굉장히 강하기 때문이에요. 수소 원자 두 개의 핵을 융합시켜서 헬륨 원자 한 개를 만들어 내기에 충분한 압력이지요. 원자 하나의 핵융합 에너지는 미미할 수 있지만, 태양에는 핵융합을 일으키는 원자가 굉장히 많기 때문에 발생하는 열도 어마어마하답니다. 이러한 핵융합 반응으로 태양 중심부의 온도가 무려 섭씨 1500만 도에 이르고 표면이 하얗게 빛나는 거예요.

방사선

원자의 핵은 양성자와 중성자라는 두 개의 알갱이로 이루어져 있어요. 그리고 방사선에는 주로 세 가지가 있답니다.

알파선은 하나의 알파 입자(두 개의 중성자와 두 개의 양성자)가 핵에서 떨어져 나올 때 방출돼요.

베타선은 중성자가 갈라져서 양성자를 형성할 때 방출돼요. 베타 입자(전자)와 반중성미자라는 입자로 이루어져 있어요.

감마선은 핵에서 방출되는 게 아니라, 빛과 같은 전자에서 나오는 전자기 방사선의 한 종류예요. 감마선은 에너지가 매우 높고 무척 위험하답니다.

핵분열

일반적인 연료는 잠수함용으로 적절하지 않아요. 잠수함은 물속에서 오랜 시간 머물러야 하는데, 그러려면 엄청나게 많은 연료가 필요하거든요. 그래서 대형 잠수함들은 대개 원자로에서 동력을 공급받는답니다. 원자로는 우라늄 원자의 핵분열을 통해 열을 발생시키는 장치예요. 이 열로 물을 끓여 수증기를 만들고, 수증기로 잠수함의 터빈을 돌릴 수 있지요. 작은 우라늄 막대기 몇 개만으로도 대형 잠수함이 장시간 항해를 지속할 수 있답니다.

◀ 핵분열에서 나오는 힘인 원자력으로 잠수함은 아주 오랫동안 바닷속을 돌아다닐 수 있습니다.

▼ 덴마크 늪지대에서 발견된 '톨룬드맨'이라는 미라는 아주 오랫동안 거의 그대로 보존되어 있었다고 해요. 과학자들은 방사성 탄소 연대 측정법을 통해 이 미라가 기원전 4세기쯤에 살았다는 것을 알아냈답니다.

지금까지 실제로 터진 가장 큰 폭탄은 1961년 10월 시베리아 동쪽 노바야제믈랴에서 실험용으로 터뜨린 50메가톤 급의 H-폭탄 '차르 봄바'예요.

탄소 연대 측정

'동위원소'는 핵을 이루는 중성자의 수는 다르지만 양성자의 수는 같아서 화학적 성질이 같은 원소들을 말해요. 예를 들어 방사성 동위원소인 탄소-14는 살아 있는 생물에 조금씩 들어 있지만, 죽으면 이 동위원소가 깨지기 시작해요. 이때 깨지는 비율이 시간에 따라 일정하기 때문에 과학자들은 그 생물이 죽은 시점을 정확히 알아낼 수 있어요. 이 기술을 '방사성 탄소 연대 측정'이라고 한답니다. 고고학에서 가장 많이 쓰이는 기술 가운데 하나지요.

▶ 열핵폭탄은 작은 원자 폭탄을 이용해 무시무시한 수소 핵융합을 일으켜요. 1958년 태평양에서 실시한 수소 폭탄 실험에서 알 수 있듯이(사진), 열핵폭탄은 어마어마한 불덩이와 함께 폭발이 시작된답니다.

수소 폭탄

1945년 일본 히로시마에 떨어진 원자 폭탄은 우라늄과 플루토늄 같은 큰 원자의 핵분열을 이용한 폭탄이에요. 주변을 초토화시킬 만큼 파괴력이 엄청나지요. 그런데 이것보다 더 끔찍한 폭탄이 있어요. 아주 작은 수소 원자의 핵융합을 이용하는 폭탄이에요. 수소 원자를 둘러싼 작은 폭탄이 먼저 터지면서 그 압력에 의해 수소 원자가 핵융합을 일으키는 방식이지요. 이러한 수소 폭탄 또는 H-폭탄은 일명 열핵폭탄이라고 불린답니다.

위험한 방사선

방사선이 우리 몸에 닿으면 아주 위험할 수 있어요. 그중에서도 특히 감마선이 가장 위험해요. 방사선 입자가 워낙 작아서 살갗을 뚫고 들어가거든요. 알파선과 베타선은 감마선보다 입자가 더 크기 때문에 당장은 덜 위험할 수 있어요. 하지만 방사선이 들어 있는 음식을 먹으면 메스꺼운 증상이나 암 등 여러 질병에 걸릴 수 있고, 심지어는 죽음에 이를 수도 있답니다.

◀ 1986년에 우크라이나의 체르노빌 원자력 발전소에서 역대급 대형 사고가 발생했어요. 발전소 밖으로 빠져나온 방사선은 바람을 타고 멀리 떨어진 유럽까지 날아갔답니다. 당시 원자력 발전소 주변을 찍은 위성 사진의 빨간색 부분이 방사선이에요.

우주의 탄생

0초
애초에 우주는 아주 작고 뜨거운 공 모양이었어요. 이것이 축구공만큼 커지면서 온도가 섭씨 1조×1억×1억 도까지 떨어졌어요.

10^{27}°C
10^{-32}초

10^{12}°C
3분

10^{-43}초
'플랑크' 시기라고 불리는 이때는 네 가지 기본적인 힘(중력, 전자기력, 그리고 두 가지 핵력)이 하나로 합쳐져 있었어요.

10^{-32}초
하나로 뭉쳐 있던 힘이 네 개로 분리되고, 우주는 순식간에 1000조 배나 부풀어 올랐어요. 1초보다 훨씬 더 짧은 시간에 원자 하나의 크기도 안 되던 우주가 은하 하나의 크기까지 커진 거예요.

10^{-12}초
우주는 쿼크와 글루온 같은 입자들의 바다가 되었고, 이 물질들이 질량을 갖게 되었어요. 쿼크는 우주를 구성하는 가장 기본적인 입자예요. 글루온은 쿼크를 이어 붙이는 접착제 역할을 하는 물질이고요.

3~20분
중력을 비롯한 다른 힘들이 물질들을 서로 끌어당기기 시작했어요. 쿼크와 글루온이 결합해 가장 작은 원자인 수소의 핵을 이루고, 수소의 핵이 뭉쳐서 헬륨 원자의 핵을 이루게 되었지요.

30만 년
최초의 원자들이 생겨나 가스를 이루었어요.

100만 년
100만 년 정도 지나자 이 가스들이 덩어리를 이루며 '필라멘트'라고 불리는 길쭉한 가닥들로 나뉘기 시작했어요. 그 사이에는 '거시공동'이라는 거대한 빈 공간이 생겨났고요.

은하들은 서로에게서 빠르게 멀어지고 있어요. 이는 우주가 급속히 팽창하고 있다는 의미이고, 따라서 과거에는 분명 우주가 지금보다 훨씬 더 작았을 거예요. 실제로 135억 년 전 우주는 원자 하나보다 크기가 더 작았을 것으로 보여요. 이 시점에 이른바 '빅뱅'이라는 대폭발이 발생했어요. 빅뱅 이후 우주는 엄청난 힘과 속도로 부풀어 오르기 시작했지요. 천문학자들은 그 힘과 속도가 이대로 계속될지, 아니면 언젠가 멈출지 아직 확실히 알지 못한답니다.

2726℃	253.15℃	−270℃
30만 년	10억 년	지금 (137억 년)

늙은 별, 젊은 별

지구에서 130억 광년 떨어진 은하를 관찰하는 천문학자들은, 사실 그 은하의 아주 먼 옛날 모습을 보고 있는 거예요. 하지만 그들이 관찰 중인 은하는 사실 (상대적으로) 굉장히 젊은 편에 속한답니다. 우리가 볼 수 있는 가장 늙은 별들은 지구와 꽤 가까운 거리에 위치한 구상 성단(수백만 개의 별들이 공 모양으로 모여 있는 별들의 집단)에 있어요. NGC 6397이라는 이 구상 성단에 있는 별들은 134억 년이나 된 것들이에요.

우주의 탄생을 설명할 때 자주 나오는 '빅뱅'의 '뱅'은 '쾅 하고 터지는 큰 소리'를 뜻해요. 그런데 과학자들에 의하면 우주의 빅뱅은 '쾅!' 하는 폭발음보다는 제트기의 웅웅거리는 엔진 소리와 더 가까웠을 거라고 해요.

현재

태양은 현재 일생의 중반쯤을 지나고 있어요. 우주에서는 지금도 계속해서 새로운 별과 행성들이 탄생하고 있답니다.

45억 6700만 년

태양계가 탄생했어요. 태양 주위를 맴돌던 먼지 띠들이 뭉쳐 지구와 다른 행성들이 생겨났지요.

5억~10억 년

필라멘트들이 차츰 무리를 이루며 구름 같은 형태를 띠게 되었어요. 그러다 마침내 이 구름들이 별과 은하를 형성했어요.

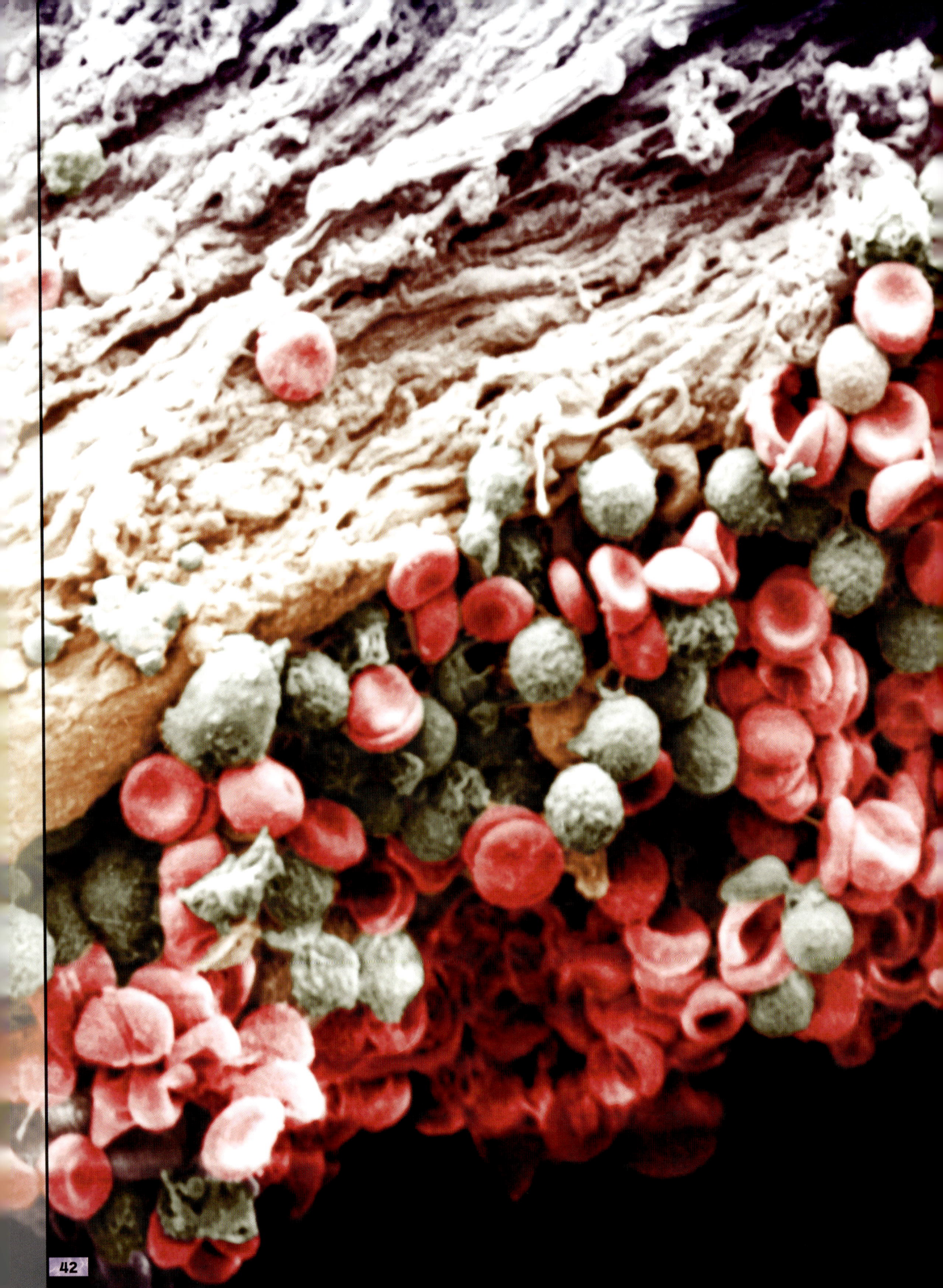

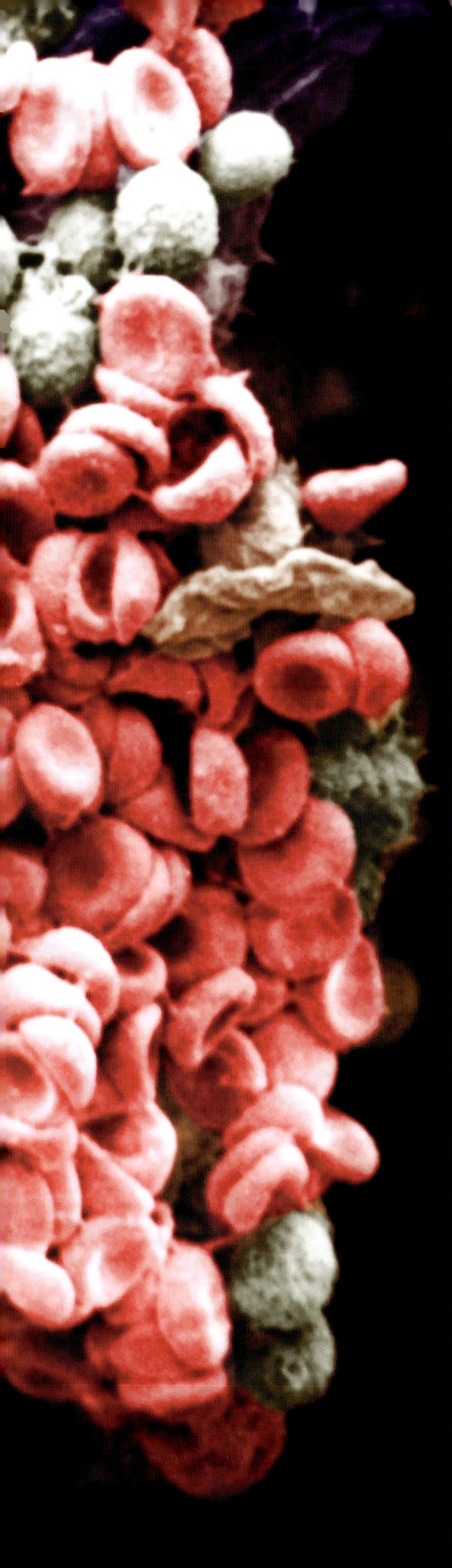

몸의 과학

머리끝부터 발끝까지 우리 몸을 구석구석 들여다볼 차례예요. 현미경으로만 볼 수 있는 놀라운 모습과 몸속을 찍은 엑스레이 사진 등 볼거리가 정말 많답니다. 함께 떠나 볼까요?

우리 몸 조립하기	44
여기는 밀림	46
세포의 우주	48
쉼 없이 돌아가는 화학 공장	50
몸에 꼭 필요한 액체	52
더워도 추워도 일정한 체온	54
몸속에서 작동하는 컴퓨터	56
몸의 신호	58
두 눈이 번쩍	60
새로운 생명	62
사람은 이렇게 자라요	64
근육의 놀라운 힘	66
강력한 구조	68
외계인이 쳐들어왔어요!	70
몸속 방어군	72
고치고, 새로 만들고	74
화학 물질이 보내는 신호	76

◀ 주사 전자 현미경(SEM)을 통해 우리는 몸속 혈관에 있는 적혈구와 백혈구의 덩어리(혈전)를 볼 수 있어요.

조립식 장난감

우리 몸 조립하기

우리 몸은 12가지 다양한 '기관계'로 이루어져 있고, 이들은 서로 연결되어 있답니다. 각 기관은 정해진 일을 각자 해 나가는 동시에 다른 기관들에 서로 의존하고 있지요. 순환계 같은 몇몇 기관계는 우리 몸 전체에 퍼져 있어요. 소화계 같은 일부 기관계는 주로 몸의 한 부분에 모여 있고요.

내장

1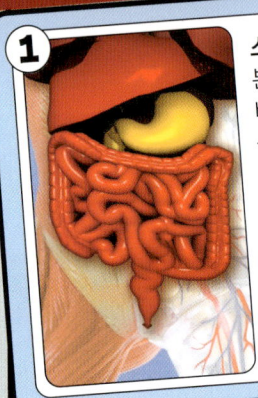
소화계는 음식을 분해해서 화학 물질로 바꿔요. 그래야 우리 몸이 흡수해서 필요한 물질과 에너지로 이용하고, 남은 것들은 몸밖으로 내보낼 수 있거든요. 위와 창자, 항문 같은 것들이 소화계에 속해요.

2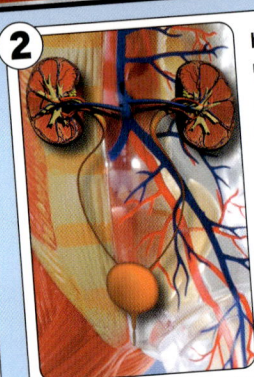
비뇨계는 우리 몸에 남아도는 불필요한 수분을 오줌으로 내보내요. 비뇨 기관에는 신장과 방광 등이 있어요.

3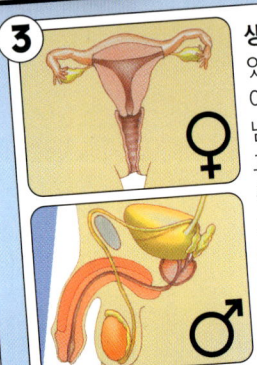
생식계는 아이를 가질 수 있도록 해 주는 생식기로 이루어져 있어요. 남자에게는 음경, 음낭, 고환 등이 있고, 여자의 경우에는 자궁과 자궁경부, 질, 나팔관, 난소 등의 기관이 있답니다.

뼈대와 신체 보호

4
근육계는 민무늬근과 골격근, 심장근이라는 세 가지 종류의 근육으로 구성되어 있어요. 근육계는 몸 전체에 혈액을 순환시키고 우리 몸이 움직일 수 있도록 해 준답니다.

5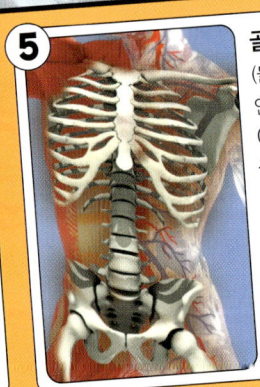
골격계는 뼈와 연골(물렁뼈), 인대(뼈와 뼈를 연결하는 조직)로 이루어져 있어요. 골격계는 몸을 지탱하고, 내부의 중요한 장기들을 보호하며, 근육이 단단히 붙어 있을 수 있도록 해 준답니다.

6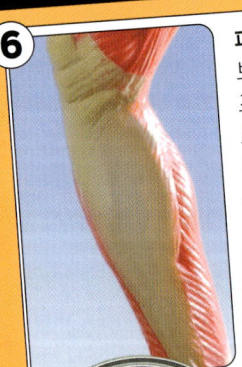
피부계는 우리 몸을 보호하고 체온을 조절하는 역할을 해요. 또한 우리 몸에서 가장 커다란 감각 기관으로서, 촉감, 압박, 열, 추위를 감지하고 적절히 반응해요.

몸속의 통신망

7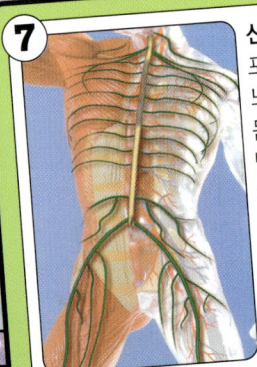
신경계는 뇌와 신경을 포함하는 시스템이에요. 뇌는 신경을 통해 우리 몸으로부터 전기 신호를 받고 그에 따른 반응을 재빨리 내보내 줘요.

8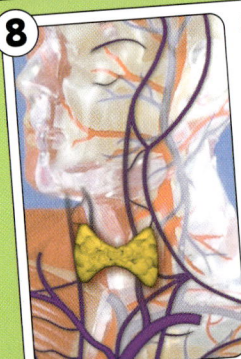
내분비계는 우리 몸이 처리하는 일들을 통제하는 역할을 해요. 신체에 퍼져 있는 '내분비샘'에서 혈액 속으로 '호르몬'이라는 화학적 메시지를 흘려보내 인체의 활동을 조절한답니다.

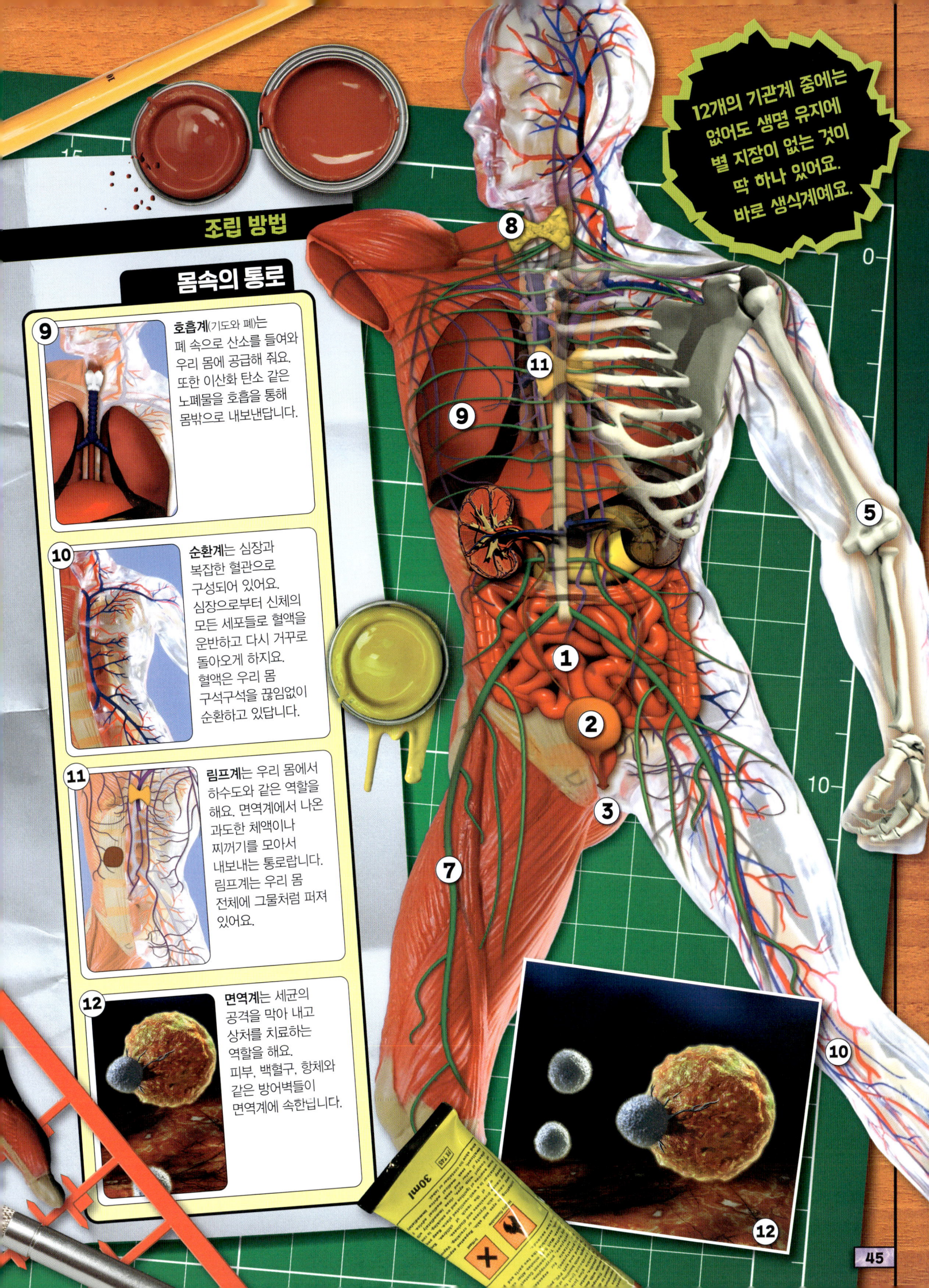

여기는 미리 꼭대

성능 좋은 현미경으로 들여다보면, 성능 좋은 현미경이 맨눈으로 보는 것과는 우리 몸의 겉표면이 맨눈으로 보는 것과는 놀라울 정도로 다르다는 걸 알 수 있어요. 피부를 확대해서 보면 삼겹살이 겹친 듯하게 생겼고, 그 위에 자라는 털은 마치 숲과 같은 모습이에요. 피부는 매우 중요한 기관이라서 몸 전체에 도는 혈액의 3분의 1이상을 공급받는답니다.

머리카락이 자라요

인간은 털이 거의 없는 몇 안 되는 유지 포유류 중 하나랍니다. 그래서 우리는 몸을 따뜻하게 하기 위해 옷을 입어요. 거의 맨살이나 다름없는 우리 피부는 몸의 열을 식히는 데에는 도움이 되지요. 머리에 나 있는 10만 개의 머리카락은 우리 몸이 다른 어떤 곳보다 재일 빠르게 자라요. 현미경을 통해서 보면 머리카락의 표면이 거친 나무줄기처럼 보인답니다.

광활한 외투

피부는 우리 몸에서 가장 큰 기관이며 여러 가지 중요한 역할을 맡고 있어요. 피부는 우리 몸 중요한 역할을 맡고 있어요. 여러 가지 손실과 세균을 막아 주고, 과도한 수분 보호하며, 몸 안이 너무 많은 열을 도하게 되지 않도록, 또 죽음을 감지해 우리 몸에 주위로 내보내지요. 또 독음을 감지해 우리 몸에 밖으로 내보내지요. 또 몸의 비타민 D를 만들어 주기도 한답니다. 햇볕을 쬐으면 영양분을 공급해 주기도 한답니다.

▶ 피부는 두께가 2밀리미터밖에 안 되지만 여러 개의 층으로 이루어져 있어요.

머리카락 한 올의 수명은 3년에서 5년 정도 자라다가 빠지고, 새로운 머리카락이 올라와 자라기 시작해요.

날마다 떨어져 나가는 피부

피부 세포도 재기능을 유지하기 위해 계속해서 새롭게 만들어진답니다. 새로운 세포는 진피에서 올라와 표피의 죽은 세포를 보충하는 비결종을 향상시켜요. 우리 몸에서는 이런 죽은 세포들이 1분마다 거의 4만 개씩 떨어져 나가요. 일생 동안 모두 합쳐 거의 50킬로그램에 가까운 피부가 몸에서 떨어져 나간답니다.

여러분의 피부를 모두 모아 펼쳐 놓으면 넓이 2제곱미터, 무게는 4킬로그램 정도 될 거예요.

46

손톱과 발톱

손톱과 발톱도 특정한 세포들이 죽어 단단해지면서 생기는 튼튼한 케라틴으로 만들어졌어요. 손톱은 1년에 3.5센티미터 정도 자라는데 자르지 않으면 평생 동안 3미터가 넘게 자랄 수도 있어요. 가운뎃손가락의 손톱이 제일 빨리 자라고, 엄지손가락의 손톱이 가장 느리게 자란답니다.

▶ 손톱과 발톱은 뼈를 보호하고 튼튼한 케라틴으로 되어 있어요.

피부의 제일 바깥층을 표피라고 해요. 표피는 죽은 피부 세포로 여러 겹 덮여 있답니다.

표피 아래쪽에는 진피라고 불리는 좀 더 두꺼운 층이 있어요. 이곳에는 분비선과 신경이 들어차 있고, 감각 신경이 있답니다.

진피 아래쪽에는 피하 지방이라는 지방층이 있어요. 피하 지방은 몸을 따뜻하게 유지해 준답니다.

진피와 피하 지방층은 혈관에서 영양분을 공급받아요.

▶ 오래된 피부 세포가 죽으면, 피부 바깥쪽에 케라틴이라는 단단한 단백질이 남아요. 케라틴은 피부 바깥쪽에서 튼튼한 보호막 역할을 하다가 결국에는 떨어져 나간답니다.

피부 키우기

실험실에서 인공적으로 피부를 자라게 할 수도 있어요. 이런 인공 피부는 심각한 화상을 입었거나 피부병이 심한 사람들을 치료하는 데 쓰인답니다. 약이나 화장품이 효과를 테스트하는 데도 활용되고요.

▶ 인공 피부는 사람의 아주 작은 죽은 피부 조각을 이용해 만들어요.

세포의 우주

우리의 몸은 '세포'라는 아주 작은 꾸러미로 이루어져 있어요. 모두 합쳐 100조 개가 넘는 세포들로 구성되어 있지요. 다양한 크기와 모양의 이 세포들은 각자 DNA의 명령에 따라 나름의 역할을 수행하고 있답니다.

과학자들은 우리 몸 안에 있는 세포 가운데 5%만 우리 몸에 속한다고 추정해요. 나머지는? 세균(박테리아)이래요!

손상되면 자연적으로 죽어 없어지는 세포들도 있어요.

제일 작은 세포는 적혈구로, 지름이 0.0075밀리미터밖에 안 된답니다.

세포 동물원

우리 몸을 이루는 세포의 종류는 지방 세포와 피부 세포 등 200가지가 넘어요. 이들은 저마다 특정한 기능을 수행하고 있답니다. 크기가 가장 작은 세포는 뇌에 있는 '과립 세포'예요. 그리고 길이가 가장 긴 것은 척수를 따라 뇌에서 발끝까지 이어지는 신경 세포랍니다.

혈액 세포(혈구)는 몸 전체에 산소를 실어 날라요.

근육 세포는 수축성이 있어서 몸을 움직일 수 있게 해 줘요.

신경 세포는 뇌와 몸 사이에 오가는 신호를 전달해 줘요.

골 세포는 뼈를 단단하게 만들어 줘요.

정자 세포는 남자의 유전자를 난자로 실어 날라요.

난자 세포는 여자의 유전자를 담고 있으며, 정자와 만날 준비를 해요.

열심히 일하는 세포

모든 세포는 1초도 쉬지 않고 하루 종일 돌아가는 바쁜 화학 공장이라고 할 수 있어요. 각각의 세포 안에서는 특정 기능을 가진 소단위체 기관인 '세포 소기관' 팀이 서로 다른 임무를 맡아 처리하고 있답니다. 몇몇은 화학 물질을 여기저기로 실어 나르고, 또 몇몇은 화학 물질들을 잘게 쪼개고, 다른 일부는 새로운 화학 물질을 만들어 이용하고 다른 세포들에게 전달하지요. 전체적인 지시를 내리는 것은 세포핵이지만, 모든 세포 소기관은 각자 해야 할 일들을 이미 잘 알고 있답니다.

◀ 세포의 내부를 수백만 배 확대해서 보면 서로 다른 특징들을 볼 수 있어요.

가장 커다란 세포는 신경 세포로, 길이가 1미터나 된답니다.

세포 자세히 들여다보기

1 리보솜(빨간 점들)은 아미노산을 생성해 새로운 단백질을 만들어 내요.

2 조면 소포체는 여러 장의 얇은 막으로, 그 안에서 리보솜이 맡은 일을 처리해요.

3 세포 골격은 세포벽 내에 있는 단백질 성분의 구조물로, 세포의 형태를 잡아 줘요.

4 세포핵은 어떤 단백질을 만들지 결정해요. 세포핵에는 '염색체'라는 실타래 모양의 DNA 기본 프로그램이 담겨 있습니다.

5 미토콘드리아는 화학 물질을 세포가 이용하는 에너지인 ATP로 바꿔 줘요.

6 액포는 조면 소포체에서 새롭게 합성된 단백질을 외부로 내보내기 위해 골지체로 실어 날라요.

7 리소좀은 세포가 섭취한 물질들을 잘게 쪼개는 일을 맡고 있어요.

8 세포질은 세포 속 액체로 채워진 공간이에요. 세포 소기관들은 그곳을 떠다닌답니다.

9 골지체는 새로운 단백질이 몸속 다른 곳에서 쓰일 수 있도록 준비해요.

창자 안에 있는 세포들 중에는 겨우 며칠만 사는 것들도 있어요. 반면, 혜장 세포는 1년 정도는 너끈히 살 수 있답니다.

쉼 없이 돌아가는 화학 공장

인간의 신체는 물과 유기 화학 물질의 혼합체랍니다. 그리고 우리 몸에는 우주에 존재한다고 알려진 화학 원소 가운데 절반 이상이 담겨 있어요. 우리 몸의 모든 부분은 하나의 화학 물질을 다른 화학 물질로 바꾸는 데 관여하고 있고요.

우리 몸은 축축해요

물은 우리 몸의 60% 이상을 차지한답니다. 이런 수분은 혈액과 림프 같은 체액과 세포들에서 찾아볼 수 있지요. 화학 물질들이 녹아들 수 있는 물이 없다면, 생명 유지에 필수적인 활동도 일어날 수 없을 거예요.

우리 몸은 기름져요

우리 몸의 많은 부분은 지방으로 이루어져 있어요. 몸이 특정 임무를 수행하려면 '필수 지방'이 꼭 필요합니다. 필수 지방은 남자 몸의 3~5%, 여자 몸의 8~12%를 차지해요. 지방 조직은 에너지 저장고 역할을 하는데, 이렇게 쌓인 지방을 '저장 지방'이라고 해요. 비축된 지방은 외부의 추위를 막고 충격을 흡수하는 역할도 한답니다.

▲ 지방 세포는 액체(지방)로 가득 차 있어요. 이곳에는 급히 필요할 때 이용할 에너지가 저장되어 있답니다.

우리 몸은 튼튼해요

'단백질'이라는 화학 물질은 우리 몸의 20%를 차지해요. 근육과 뼈, 힘줄, 머리카락, 손발톱 및 피부를 비롯한 모든 세포와 조직의 일부가 단백질로 되어 있지요. 또한 몇몇 단백질은 우리 몸 안에서 화학 반응을 일으키고(효소), 화학적 메시지를 전달하고(호르몬), 세균과 바이러스와 맞서 싸우고(항체), 혈액 속 산소를 운반하는(헤모글로빈) 등 다양한 일을 처리한답니다.

▶ 빨간색과 파란색 형광으로 보이는 부분이 목구멍의 조직을 구성하는 단백질이에요.

우리 몸은 달콤해요

탄수화물은 우리 몸에 연료를 제공해 줘요. 탄수화물은 곧장 에너지로 쓰일 수 있도록 간단한 구조의 당분(단당류) 상태로 혈액 속을 돌아다니거나, 글리코겐으로 바뀌어 간과 근육에 저장되기도 한답니다.

◀ 임신부의 자궁에 있는 자궁샘에서는 글리코겐이 분비돼요. 난자가 잘 자라도록 에너지를 제공해 주는 거예요.

우리 몸은 다 계획이 있구나!

세포핵에는 '핵산'이라는 물질이 들어 있어요. 핵산에는 디옥시리보 핵산(DNA)과 리보 핵산(RNA)이라는 두 가지 종류가 있는데, DNA에는 생명 유지에 필요한 모든 유전 정보가 담겨 있답니다. 말하자면 우리 몸의 프로그래머라고 할 수 있지요.

▶ 몸의 세포에서 뽑아낸 DNA 샘플이에요.

우리 몸은 미네랄 창고예요

뼈의 일부는 칼슘과 인이라는 미네랄로 이루어져 있어요. 그리고 혈액 속의 칼슘과 나트륨, 세포 속에 있는 인과 칼륨, 마그네슘도 체내 화학 작용에 꼭 필요한 미네랄이에요. 철은 혈액 속에서 산소를 실어 나르는 헤모글로빈에게 필수 요인이고요. 코발트, 구리, 요오드, 망간, 아연 등도 적은 양이나마 우리 몸에 꼭 필요한 미네랄이랍니다.

▶ 치즈에 들어 있는 칼슘(크게 확대한 것은)은 우리의 뼈를 튼튼하게 만들어 줘요.

우리 몸은 기체예요

인간의 몸에는 산소와 이산화 탄소, 산화 질소, 수소, 일산화 탄소, 메테인싸이올 같은 기체들이 있어요. 일부는 체액에 녹아 있고, 다른 일부는 폐나 장 속에 기체 거품 상태로 존재한답니다.

몸속의 화학 물질들

우리 몸의 질량 가운데 거의 99%는 다음과 같은 여섯 가지 물질로 이루어져 있어요.

화학 물질	%	어디에 있을까?
산소	65%	체액과 조직, 뼈, 단백질
탄소	10%	모든 곳
수소	10%	
질소	3%	체액과 조직, 뼈, 단백질
칼슘	1.5%	체액과 조직, 뼈, 단백질
인	1%	뼈, 폐, 신장, 간, 갑상선, 뇌, 근육, 심장

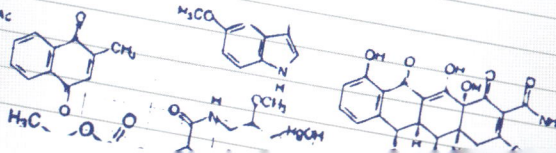

51

몸에 꼭 필요한 액체

혈액은 우리 몸의 운송 시스템으로, 여러 일을 동시에 처리한답니다. 폐로부터 모든 세포들로 산소를 실어 나르고, 세포들이 일을 하고 기능을 유지할 수 있도록 영양분을 전달해 주지요. 또 쓸모없는 노폐물을 간, 신장, 폐로 쓸어 가서 깨끗하게 처리되도록 해요. 뿐만 아니라 우리 몸에 세균이나 바이러스가 들어오는 즉시 면역 세포를 보내 맞서 싸우도록 하고, 몸속의 열이 고루 퍼지도록 돕는 역할도 한답니다.

▼ 상처 위에 생기는 딱지는 세균 감염으로부터 상처를 보호해 줘요.

상처난 곳을 막아 줘요

날카로운 것에 베여서 피가 흐르면 곧바로 혈소판이 모여들어요. 그러는 동안 혈소판들은 피를 굳게 하는 '혈액 응고 인자'라는 경고 신호를 울려요. 이 신호는 다른 혈소판들을 끌어모으고, 혈소판들은 모두 합세해 피가 새는 곳을 틀어막는 '섬유소'를 만들어요. 섬유소가 마르면 상처 위에 딱지가 생기고, 이 딱지는 상처가 나을 때까지 해당 부위를 보호해 준답니다.

피에는 여러 가지가 섞여 있어요

피는 붉은색으로 보이지만, 피의 대부분은 '혈장'이라는 맑고 노르스름한 액체로 이루어져 있답니다. 피가 붉은색을 띠는 이유는 혈장에 떠다니는 적혈구 때문이에요. 혈장 속에는 '백혈구'라는 커다란 하얀색 세포와 '혈소판'이라는 작은 덩어리들도 들어 있어요.

▲ 혈액 세포와 섬유소(노란색)가 상처 부위로 몰려들어 덩어리를 형성해요. 이것을 '응고'라고 해요.

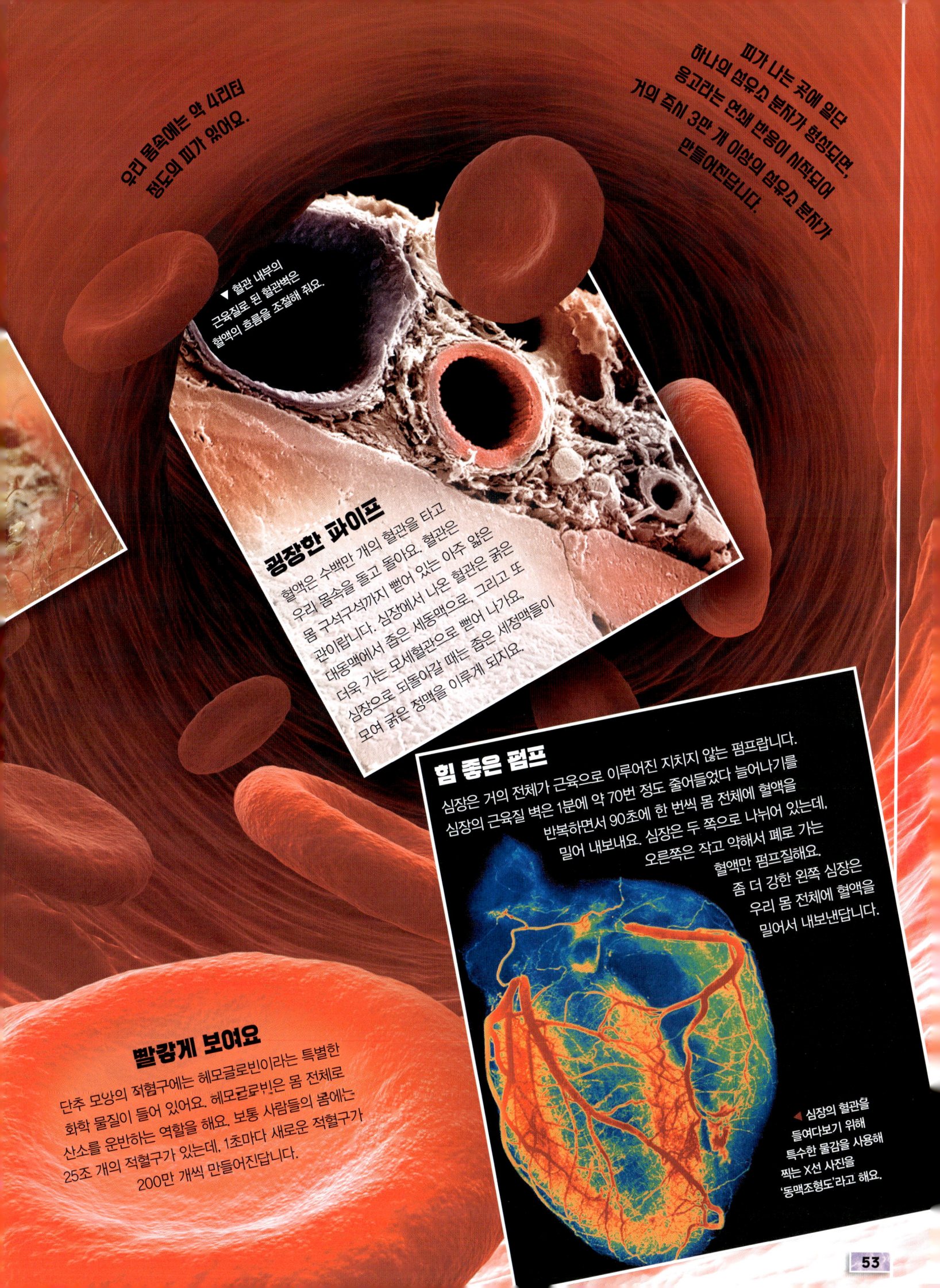

우리 몸속에는 약 4리터 정도의 피가 있어요.

피가 나는 곳에 일단 하나의 섬유소 분자가 형성되면, 응고라는 연쇄 반응이 시작되어 거의 즉시 3만 개 이상의 섬유소 분자가 만들어진답니다.

▶ 혈관 내부의 근육질로 된 혈관벽은 혈액의 흐름을 조절해 줘요.

굉장한 파이프

혈액은 수백만 개의 혈관을 타고 우리 몸속을 돌고 돌아요. 혈관은 몸 구석구석까지 뻗어 있는 아주 얇은 관이랍니다. 심장에서 나온 굵은 대동맥에서 좁은 세동맥으로, 그리고 또 더욱 가는 모세혈관으로 뻗어 나가요. 심장으로 되돌아갈 때는 좁은 세정맥들이 모여 굵은 정맥을 이루게 되지요.

힘 좋은 펌프

심장은 거의 전체가 근육으로 이루어진 지치지 않는 펌프랍니다. 심장의 근육질 벽은 1분에 약 70번 정도 줄어들었다 늘어나기를 반복하면서 90초에 한 번씩 몸 전체에 혈액을 밀어 내보내요. 심장은 두 쪽으로 나뉘어 있는데, 오른쪽은 작고 약해서 폐로 가는 혈액만 펌프질해요. 좀 더 강한 왼쪽 심장은 우리 몸 전체에 혈액을 밀어서 내보낸답니다.

빨갛게 보여요

단추 모양의 적혈구에는 헤모글로빈이라는 특별한 화학 물질이 들어 있어요. 헤모글로빈은 몸 전체로 산소를 운반하는 역할을 해요. 보통 사람들의 몸에는 25조 개의 적혈구가 있는데, 1초마다 새로운 적혈구가 200만 개씩 만들어진답니다.

◀ 심장의 혈관을 들여다보기 위해 특수한 물감을 사용해 찍는 X선 사진을 '동맥조형도'라고 해요.

더워도 추워도 일정한 체온

우리 몸은 음식을 통해 계속해서 에너지를 공급받지 못하면 오래 살아남을 수 없어요. 몸속에서 일어나는 모든 화학 반응에는 에너지가 꼭 필요하거든요. 이런 화학 반응의 결과 체온 유지를 위한 열에너지와 활동을 위한 근육 에너지가 발생하는 거예요.

▶ 미토콘드리아를 단 하나만 가지고 있는 세포도 있지만, 수천 개를 가지고 있는 세포들도 있어요.

◀ 열화상 카메라는 열을 감지해요. 붉은색은 제일 뜨거운 부분을, 파란색은 가장 차가운 부분을 나타낸답니다. 우리 몸에서 가장 따뜻한 부분은 머리와 가슴이에요.

수십조 개의 불꽃

우리 몸을 구성하는 100조 개 이상의 세포들 속에서는 '세포 호흡'이라는 과정을 통해 에너지가 만들어져요. 각각의 세포 안에서 '난로' 구실을 하는 미토콘드리아가 산소를 이용해 포도당 분자를 쪼개서 에너지를 내놓고 있지요. 이 과정에서 열이 발생한답니다.

우리 몸은 아데노신트리포스파타아제(ATP)라는 아주 작은 분자 수백만 개에 에너지를 저장해 둬요. ATP는 마치 꽉 눌러 놓은 용수철과 같아서, 언제든지 튀어 올라 에너지를 내놓을 준비를 하고 있답니다.

뜨거운 몸

몸이 제기능을 잘하고 있다면 체온은 딱 알맞은 온도인 37도 정도로 유지돼요. 이는 몸의 바깥보다 조금 높은 온도라서, 체온 유지를 위해 우리 몸은 근육을 움직여 간에서 화학 반응을 일으키는 식으로 계속해서 열을 발생시킨답니다.

음식 속 에너지

우리 몸은 당분과 전분이 포함된 음식의 탄수화물에서 에너지를 얻어요. 식품 속에 있는 지방도 에너지원이 되어 주지만, 이 에너지는 즉시 쓰이기보다 대체로 몸속에 저장된답니다. 에너지가 풍부한 분자들은 혈액 속 포도당(글루코스)의 형태로 체세포에 전달되거나 글리코겐으로 바뀌어 잠시 동안 간에 저장되지요.

▼ 운동을 하면 몸에서 땀이 나요. 몸속의 지나친 열에너지를 내보내기 위해서지요.

몸속의 에어컨

몸이 너무 뜨거워지면 뇌의 '온도 조절 장치'인 시상 하부가 몸에 명령을 내려요. 땀구멍을 통해 땀을 내보내 열을 덜어 내라고 지시하지요. 땀을 흘리면 따뜻한 물이 몸밖으로 나갈 뿐만 아니라, 배출된 수분이 증발하면서 피부에서 열을 빼앗기 때문에 피부도 차갑게 식는답니다. 시상 하부는 또한 피부로 가는 혈액의 양을 늘려서 몸의 중심부에서 열이 빠져나가도록 해 주기도 해요.

덜덜덜……

몸이 너무 차가워지면 시상 하부는 세포의 활동을 증가시키고 몸을 덜덜 떠는 식으로 근육을 더 빠르게 움직이게 만들어요. 그리고 몸의 중심부가 따뜻하게 유지되도록 피부로 가는 피의 양을 줄여 열이 빠져나가는 것을 막는답니다.

▲ 2005년에 영국의 탐험가 루이스 고든 퓨는 지구의 가장 북쪽에서 제일 긴 거리를 헤엄치는 기록을 세웠어요. 북극해의 커다란 빙하 사이에서 수영을 해서 1킬로미터나 나아갔답니다.

테니스 경기가 진행되는 동안 세계 최고의 테니스 선수들은 엄청난 에너지를 사용해요. 주전자의 물을 너끈히 끓일 수 있을 정도의 에너지를 1분마다 뿜어낸답니다.

소름이 돋아요

몸이 추워지면 피부의 털이 쭈뼛 서면서 흔히 '닭살'이라고 말하는 소름이 돋아요. 솟아난 피부에 따뜻한 공기층을 가둬서 몸이 더 따뜻하게 느끼도록 하려는 현상이에요.

몸속에서 작동하는 컴퓨터

사람의 뇌에는 '뉴런'이라는 1000억 개가 넘는 신경 세포가 들어 있어요. 각각의 뉴런은 2만 5000개에 이르는 다른 뉴런들과 이어져 있지요. 이런 식으로 뇌는 우리 몸 전체에 신호를 보내는 어마어마하게 많은 경로를 만들어 내요. 뇌의 이런 구조는 우리가 생각하고 배우고, 뛰고 앉고, 웃고 울 수 있게 해 준답니다. 이토록 복잡한 뇌 덕분에 인간이 하는 모든 활동이 가능한 거예요.

신호가 모이는 곳

'대뇌 피질'은 뇌의 표면을 감싸고 있는 부분을 말해요. 서로 연결된 신경 세포들이 주름진 층을 이루고 있지요. 대뇌 피질은 각자 특정한 기능을 하는 다양한 구조로 되어 있어요. 이곳에서는 많은 감각 신호들을 받아들여 적절한 반응을 내놓는답니다.

두뇌는 욕심쟁이

사람의 뇌 무게는 전체 몸무게의 2%에 불과하지만, 뇌는 우리 몸속 혈액의 20% 이상을 필요로 해요. 혈액이 실어 나르는 산소가 단 몇 분만 끊겨도 뇌 세포는 빠르게 죽어 버려요. 혈액이 전혀 공급되지 않을 경우, 뇌는 10초 만에 의식을 잃고 그 사람은 몇 분 이내에 죽음에 이르게 된답니다.

◀ 혈액이 굵은 동맥들을 통해 끊임없이 뇌로 흘러들어요. 덕분에 뇌는 생각하는 데 필요한 에너지를 얻게 되지요.

전전두 피질
기억과 문제 풀이, 판단과 관련된 부분이에요.

뇌를 둘로 나누면

뇌는 왼쪽과 오른쪽 절반으로 나뉘어 있어요. 그래서 구의 절반이라는 뜻의 '반구'를 사용해 좌반구와 우반구라고 부르기도 하지요. 좌반구는 몸의 오른쪽 부분을, 우반구는 왼쪽 부분을 통제해요. 뇌의 오른쪽은 논리와 분석적 사고를 처리하고, 왼쪽은 감성과 창의성을 주로 담당한다고 알려져 있답니다.

왼쪽 뇌 — 전두엽
오른쪽 뇌 — 두정엽
측두엽
후두엽

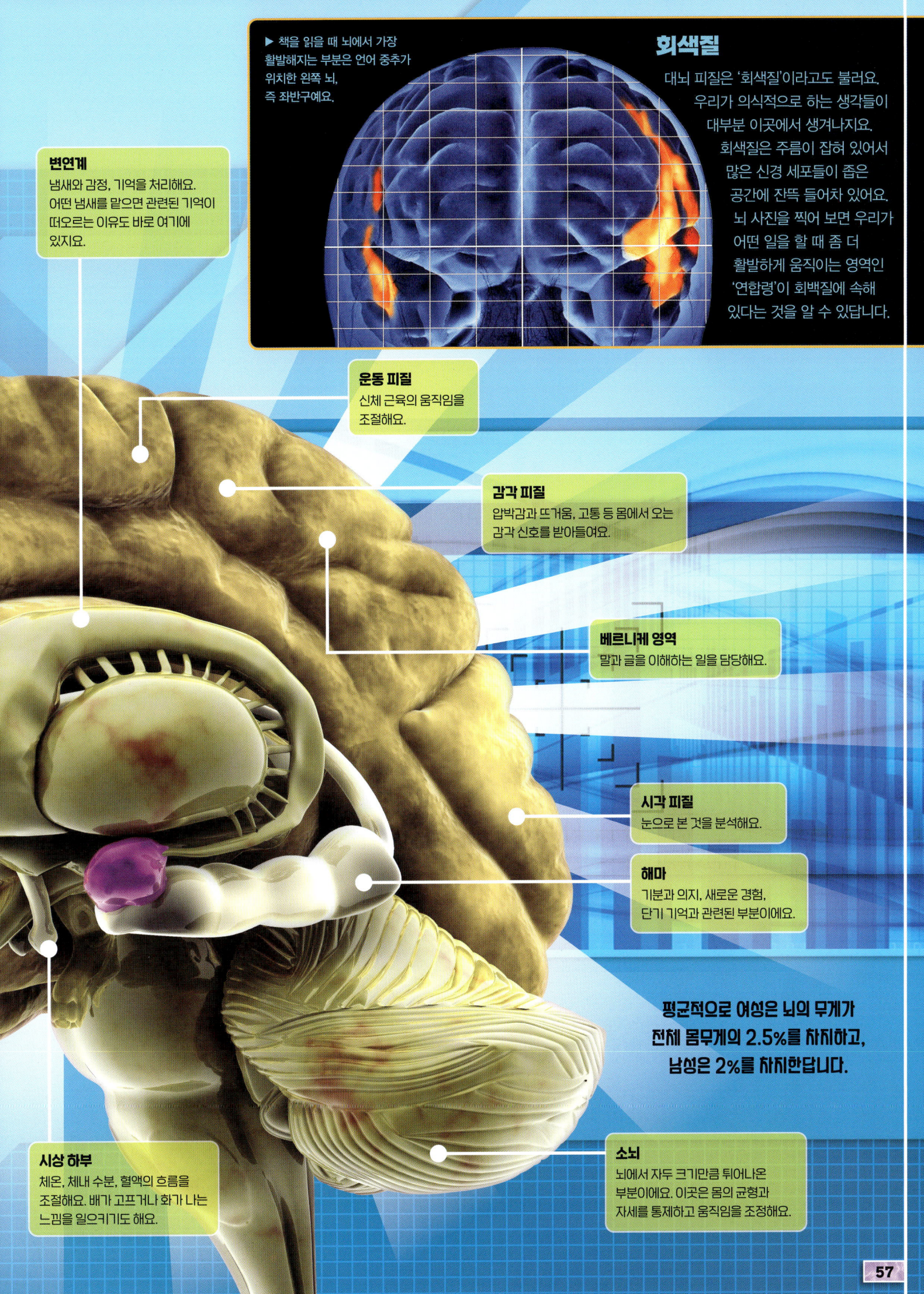

▶ 책을 읽을 때 뇌에서 가장 활발해지는 부분은 언어 중추가 위치한 왼쪽 뇌, 즉 좌반구예요.

회색질

대뇌 피질은 '회색질'이라고도 불러요. 우리가 의식적으로 하는 생각들이 대부분 이곳에서 생겨나지요. 회색질은 주름이 잡혀 있어서 많은 신경 세포들이 좁은 공간에 잔뜩 들어차 있어요. 뇌 사진을 찍어 보면 우리가 어떤 일을 할 때 좀 더 활발하게 움직이는 영역인 '연합령'이 회백질에 속해 있다는 것을 알 수 있답니다.

변연계
냄새와 감정, 기억을 처리해요. 어떤 냄새를 맡으면 관련된 기억이 떠오르는 이유도 바로 여기에 있지요.

운동 피질
신체 근육의 움직임을 조절해요.

감각 피질
압박감과 뜨거움, 고통 등 몸에서 오는 감각 신호를 받아들여요.

베르니케 영역
말과 글을 이해하는 일을 담당해요.

시각 피질
눈으로 본 것을 분석해요.

해마
기분과 의지, 새로운 경험, 단기 기억과 관련된 부분이에요.

평균적으로 여성은 뇌의 무게가 전체 몸무게의 2.5%를 차지하고, 남성은 2%를 차지한답니다.

시상 하부
체온, 체내 수분, 혈액의 흐름을 조절해요. 배가 고프거나 화가 나는 느낌을 일으키기도 해요.

소뇌
뇌에서 자두 크기만큼 튀어나온 부분이에요. 이곳은 몸의 균형과 자세를 통제하고 움직임을 조정해요.

몸의 신호

신경은 몸의 통신망이라고 할 수 있어요. 뇌에서 받은 메시지를 몸의 모든 부분에 즉시 전달해 주거든요. 그리고 몸 안쪽에서 벌어지는 일들을 뇌에 끊임없이 알린 준답니다.

몸속 통신망

중추 신경계는 척수 안에 있는 척수와 뇌로 구성된답니다. 이곳은 몸 전체에서 신경을 통해 돌아오는 정보를 모으고 데이터를 처리하고 반응을 내보내는 일을 담당해요. 말초 신경계의 신경들은 중추 신경계에서 갈라져 나와 몸 구석구석까지 나뭇가지처럼 뻗어 있답니다.

신경 섬유 다발

뇌간과 척수, 말초 신경계는 긴 신경 섬유 다발로 이루어져 있어요. 이 신경 섬유 다발은 전화선처럼 여러 가닥이 하나로 묶여 있고요, 이것을 통해 우리 몸은 1초에 최고 120미터까지 신호를 전달할 수 있답니다.

▶ 신경 섬유는 다발로 묶여 있고 지방이 많은 미엘린이라는 막으로 싸여 있어요. 그래서 몸에서 오가는 신호가 강하게 유지되지거든요.

> 과학자들은 언젠가 신경을 연구해 인간의 신경이 어떻게 작동하는지 밝혀냈답니다.

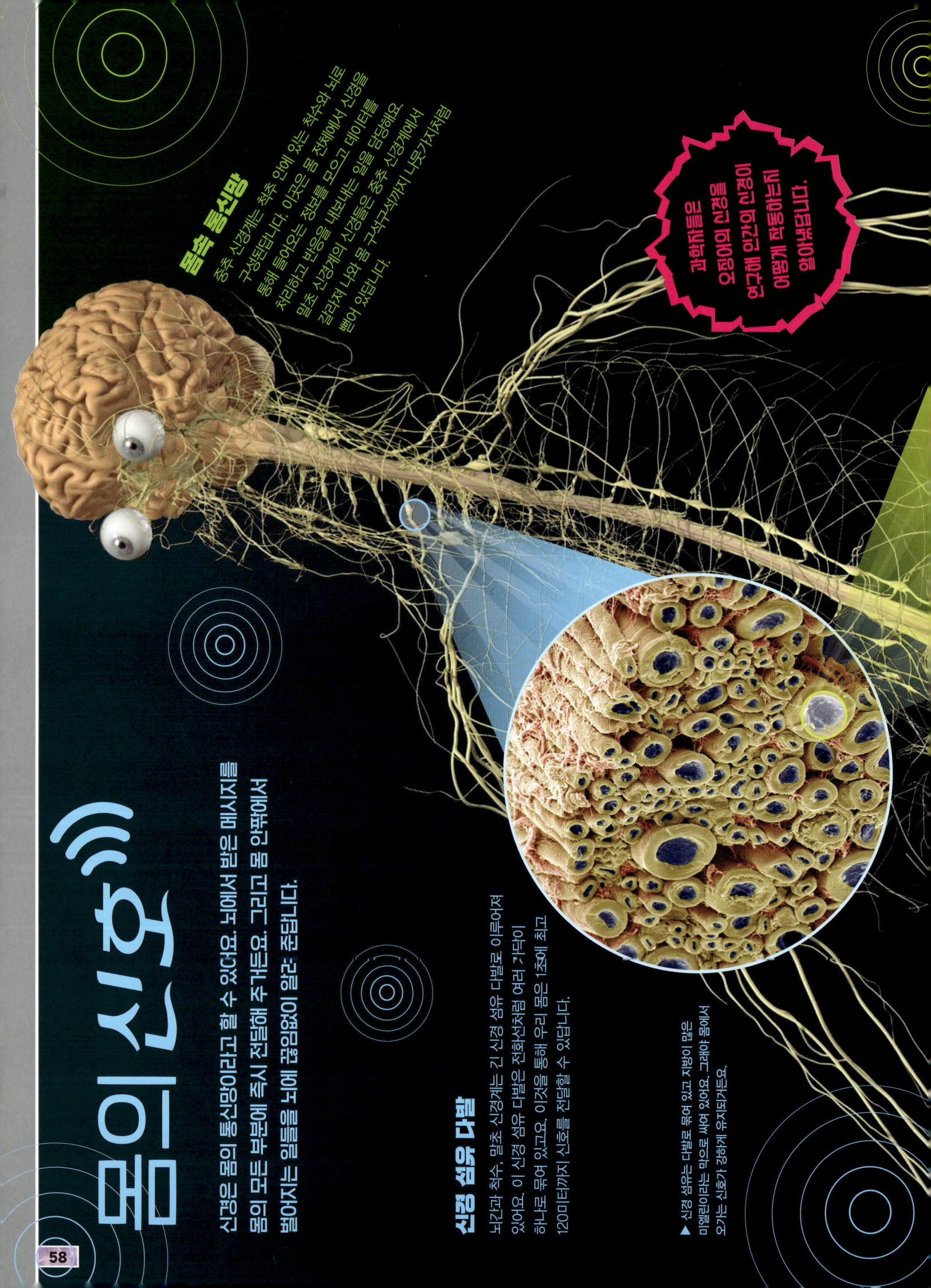

58

신호를 전달하는 방법

'뉴런'이라는 신경 세포는 마치 가지처럼 생겼답니다. 가운데에는 핵이 있고 그 주위에는 나뭇가지처럼 뻗어 나와 있어요. 그리고 '축삭'이라는 길고 구불구불한 꼬리가 뻗어 나와 있지요. 뉴런들은 이 축삭을 통해 다른 뉴런으로 전기 신호를 전달한답니다.

▲ 신경 신호는 전기를 띤 칼륨과 나트륨 알갱이의 흐름으로 전달돼요.

자동 조종 장치

'반사 신경'은 별다른 생각 없이 저절로 일어나는 근육의 움직임을 말해요. 사람은 오줌을 누거나 반사 신경을 가지고 태어나요. 뜨거운 것이 몸에 닿으면 반사적으로 피하게 되는 반사적 행동 등이 있어요. 어떤 것에 부딪혔을 때 자동적으로 하게 되는 반사적 행동도 있는데, 예를 들어 별생각 없이 물을 마시는 행동 등이 그렇답니다.

조금만 뛰어넘어 주세요

뉴런들은 서로 멀어져 틈새 사이에 있어요. 뉴런들은 '시냅스'라는 아주 작은 틈새 알갱이들이 건너가 그래서 '신경 전달 물질'이라 불리는 아주 작은 알갱이들이 도착하면 신호를 전달해 주지요. 신경에서 시냅스로 내보내요. 신경 전달 물질은 작은 방울 시냅스에 달라붙으면 이 방울이 이것을 따라다니는 신경이 수용체에 전달됩니다. 해당 신호가 필요한 곳으로 전달됩니다.

▲ 신경 두 개 사이의 틈새는 100조~500조 미터 정도 된답니다.

날 건드려 줘요

여러분은 혹시 우리가 다섯 가지 감각만 느낄 수 있다고 생각하지 않나요? 보고, 듣고, 냄새 맡고, 맛보고, 먼저 보는 것 말이에요. 하지만 우리가 느끼는 감각은 그게 다가 아니에요. 우리 피부에는 위에서 말한 오감 이외에 그런 느낄 수 있는 '감각 수용체'가 적어도 5개는 있답니다. 각각 통증, 떨림, 차가움, 열감, 압력을 감지하는 역할을 해요.

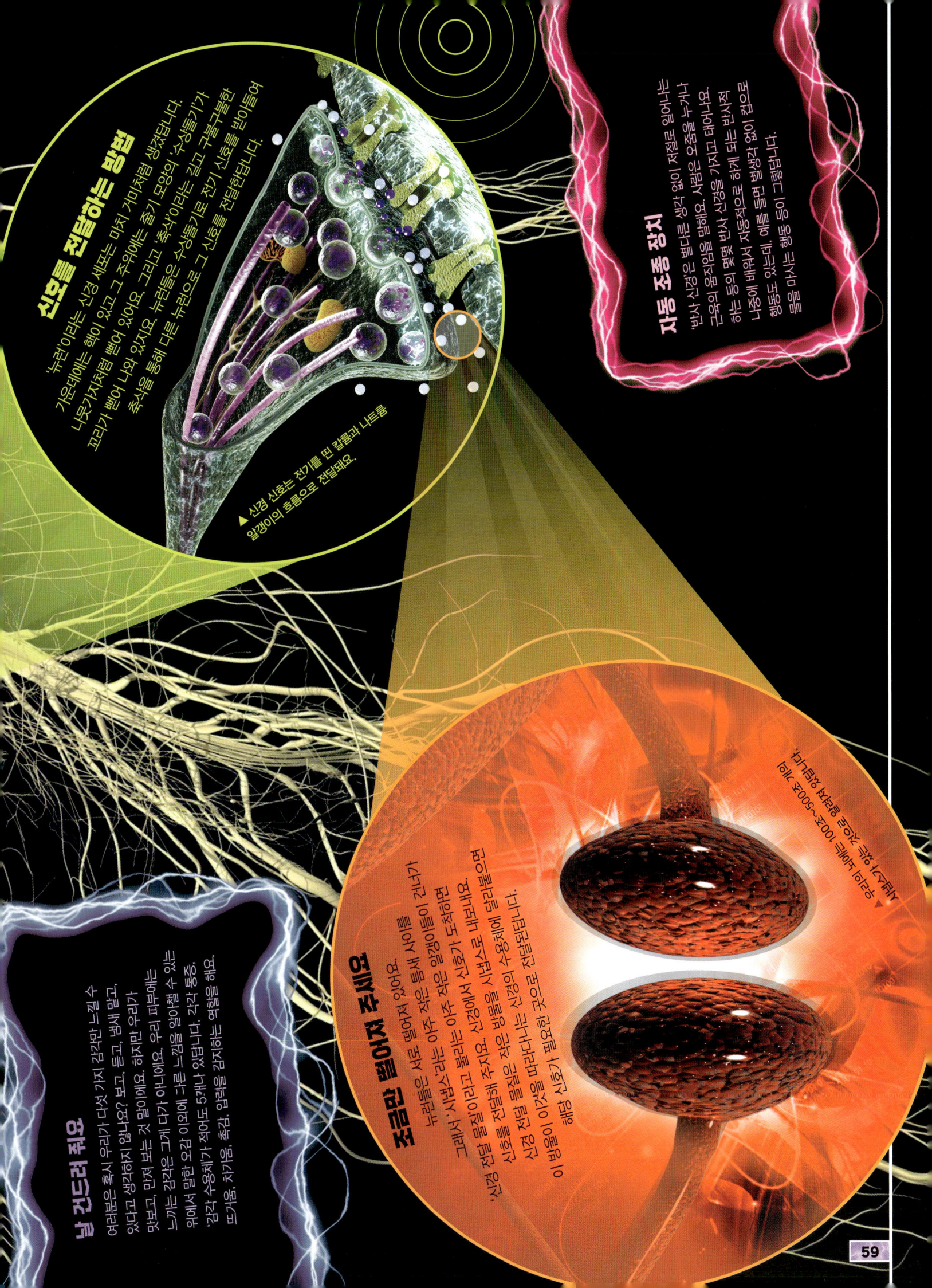

두 눈이 번쩍

우리의 눈은 고성능 디지털 카메라의 화질과 어떤 카메라도 따라올 수 없는 다양한 능력을 모두 갖추고 있어요. 작은 먼지도 볼 수 있을 뿐 아니라 우주 저 멀리에 있는 은하도 볼 수 있지요. 햇빛은 물론 별빛 아래에서도 별문제 없이 작동한답니다.

검은 구멍

'눈동자(동공)'는 빛을 눈 안으로 들여보내는 구멍이에요. 눈동자가 검게 보이는 이유는 눈 안쪽이 매우 어둡기 때문이지요. 빛이 아주 약해지면, 눈동자 주위를 둘러싼 '홍채'가 크게 열려서 더 많은 빛이 안으로 들어오게 한답니다.

▼ 홍채를 이루는 섬유 조직의 패턴은 사람마다 달라서 지문처럼 사람을 식별하는 데에도 이용할 수 있어요.

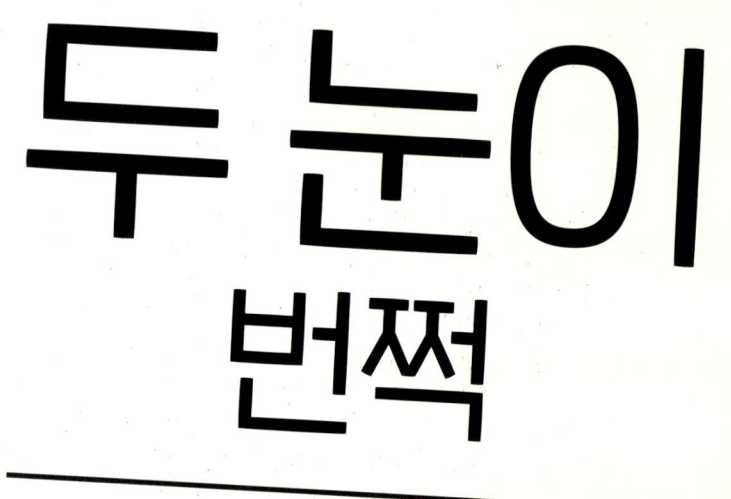

▼ 각막에 상처가 생기면 시력이 약해질 수 있어요. 시력을 되찾아 주기 위해 안과 의사들은 각막의 제일 바깥쪽을 들어올려 레이저로 아주 얇게 깎아 낸답니다.

언제나 또렷하게

각막은 눈 앞쪽에 있는 투명한 창으로, 우리 눈이 초점을 맞추는 데 큰 역할을 한답니다. 빛은 눈의 렌즈 구실을 하는 수정체에 닿기 전에 각막을 지나면서 방향이 꺾여요(굴절). 이를 통해 각막이 대략 초점을 잡으면 수정체는 좀 더 정교하게 초점을 맞추지요. 이렇게 초점을 맞추는 데는 50분의 1초도 안 걸린답니다.

우리가 무언가를 보고 있을 때, 눈은 굉장히 빠른 속도로 눈앞의 장면을 끊임없이 읽어 들여요. 정확한 상을 만들고 중요한 세부 사항들을 담아내기 위해서지요.

영화 한 편 볼까?

시각을 담당하는 기관인 안구(눈알) 내부의 모습은 마치 작은 영화관 같답니다. 각막과 수정체는 눈의 뒤쪽에 있는 망막으로 이미지를 쏘아 보내요. 눈 안으로 들어오는 이미지는 겨우 몇 밀리미터에 불과하지만, 우리는 실제 크기로 볼 수 있답니다.

▲ 수정체를 둘러싼 근육이 움츠러들면(수축) 수정체가 두꺼워지고 가까운 물체에 초점을 맞출 수 있어요.

▶ 망막에 있는 원뿔 모양의 원추 세포는 주로 색상을 감지하는 역할을 해요. 원추 세포는 1000만 가지 색깔을 구별할 수 있답니다!

빛의 양에 따라 달라요

망막에는 빛을 받아들이는 두 개의 세포가 있는데, 바로 간상 세포와 원추 세포랍니다. 1억 5000만 개의 간상 세포는 주로 밝은지 어두운지(명암)를 구분하고 주로 색깔을 구분하고 밝은 곳에서 작용한답니다. 800만 개의 원추 세포는 어두운 곳에서 작용해요.

▶ 눈의 오른쪽 부분에서 나오는 신호는 시각 피질의 오른쪽으로 들어가고, 왼쪽 부분에서 나오는 신호는 시각 피질의 왼쪽 부분으로 들어가요.

뇌로 가는 고속도로

실제로 무언가를 '보는' 것은 눈이 아니라 뇌의 시각 피질이에요. 빛이 망막에 닿으면 간상 세포와 원추 세포는 시신경에 신경 신호를 보내서 뇌가 해당 이미지를 만들 수 있도록 해 준답니다.

새로운 생명

인간의 몸은 자신을 닮은 새로운 생명을 만들어 낼 수 있어요. 그 과정은 두 개의 아주 작은 세포들이 결합하면서 시작된답니다. 남자의 정자 세포와 여자의 난자 세포가 만나 하나의 세포를 이루고 새로운 생명이 시작되지요. 이후 임신 9개월 동안 여자의 자궁 안에서 아기가 조금씩 자라게 된답니다.

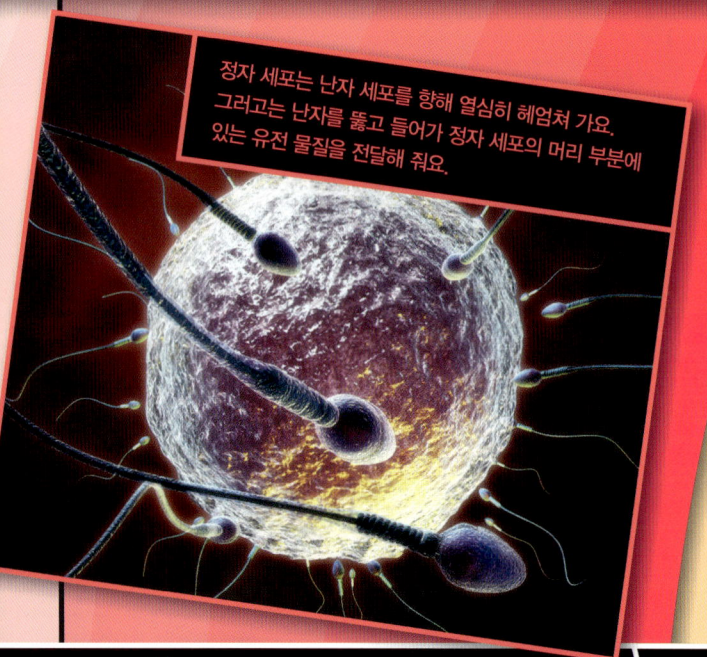

정자 세포는 난자 세포를 향해 열심히 헤엄쳐 가요. 그러고는 난자를 뚫고 들어가 정자 세포의 머리 부분에 있는 유전 물질을 전달해 줘요.

겨우 일주일 만에 배아는 수백 개의 세포로 가득 차게 되지요.

수정란에서 배아로

정자와 난자가 성공적으로 만나면 난자는 수정란이 되고 새로운 생명이 '잉태'된답니다. 수정란은 곧바로 빠르게 쪼개지기(분열) 시작해요. 하나의 세포가 똑같아 보이는 세포들을 계속 복제해 가면서 배아를 형성하게 되지요. 이렇게 세포들이 급격히 늘어나면서 조금씩 다른 모습을 띠게 되고, 훗날 피부와 신체 기관이 될 층들이 발달하게 된답니다.

1일
어마어마하게 많은 정자들이 난자와 만나려고 애를 쓰지만, 대체로 단 하나의 정자만 난자에 도달해 수정을 하게 돼요.

6일
공 모양의 세포 덩어리가 여자의 자궁벽에 딱 달라붙어요(착상).

40일

시작

정자와 난자가 특별한 이유는 다른 세포에 없는 무언가를 가지고 있어서가 아니라, 다른 세포들은 모두 가지고 있는 것이 없기 때문이에요. 우리 몸을 이루는 다른 세포들은 23개의 염색체 두 벌을 가지고 있지만, 정자와 난자에는 한 벌밖에 없어요. 정자와 난자는 각자 가지고 있는 23개의 염색체를 합해야만 46개의 완전체를 이루어 새로운 삶을 시작할 수 있답니다. 성관계를 통해 남자의 정자가 여자의 자궁 속으로 헤엄쳐 들어가 난자를 만날 때 이런 일이 일어나지요.

두 개의 난자가 동시에 나와서 모두 수정이 이루어지면 생김새가 서로 다른 쌍둥이(이란성 쌍둥이)가 잉태된답니다.

수정란은 쪼개져서 작은 세포 덩어리들을 형성해요.

배아에서 태아로

40일 정도 지나면, 겨우 완두콩만 한 크기의 배아에 코와 입, 귀 등 눈에 띄는 모습이 나타나요. 검게 보이는 부분은 훗날 눈이 될 거고요. 안에서는 심장이 빠르게 뛰고, 뇌와 근육, 뼈가 자라기 시작해요. 9주 뒤에는 배아가 아기와 무척 비슷한 모습을 갖추게 되는데(머리 부분이 매우 크긴 하지만), 이때부터는 배아가 아니라 태아라고 부른답니다.

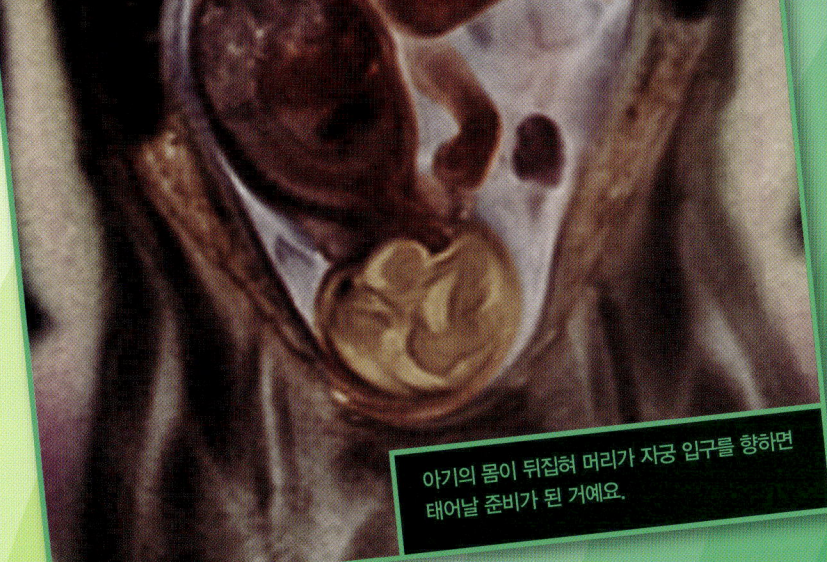

이 초기 단계의 배아는 마치 올챙이 같은 모습이에요.

아기의 몸이 뒤집혀 머리가 자궁 입구를 향하면 태어날 준비가 된 거예요.

튼튼하게 자라요

임신 기간의 중반쯤에 이르면 태아는 작고 흐릿하긴 하지만 몸을 웅크린 아기처럼 보여요. 어른 손의 절반쯤에 해당하는 크기라 아직 더 자라야 하지만, 엄마의 자궁 속에서 몸을 움직이기 시작하고 한창 발달 중인 작은 다리를 버둥거리기도 한답니다. 연구 결과에 따르면 이 시기에 태아는 엄마 몸밖에서 나는 소리도 들을 수 있다고 해요.

이제는 태어날 시간

마침내 약 37주가 지나면, 태아는 완전한 발달을 이루게 돼요. 엄마가 '분만'이라는 과정에 들어가면 아기가 세상 밖으로 나오게 되지요. 먼저, 자궁의 근육이 잔뜩 움츠러들고 아기를 감싸고 있던 액체 주머니가 터져요. 다음으로, 자궁 입구 주위의 근육이 움츠러들었다 풀어졌다를 규칙적으로 반복하면서 '산도'를 통해 아기를 바깥으로 밀어낸답니다.

배아의 길이가 약 5밀리미터 정도로 자라고 팔과 다리가 새싹처럼 돋아나기 시작해요.

133일
태아의 몸길이가 16센티미터에 이르고, 얇고 보송보송한 털이 몸을 뒤덮어요.

266일
태아는 몸길이가 약 36센티미터까지 자라고 주먹을 꽉 쥘 수 있어요.

초음파로 자궁 속에서 자라는 아기의 모습을 볼 수 있어요.

태아가 엄마의 자궁 밖으로 나와 살아남으려면 최소한 21주는 지나야 해요.

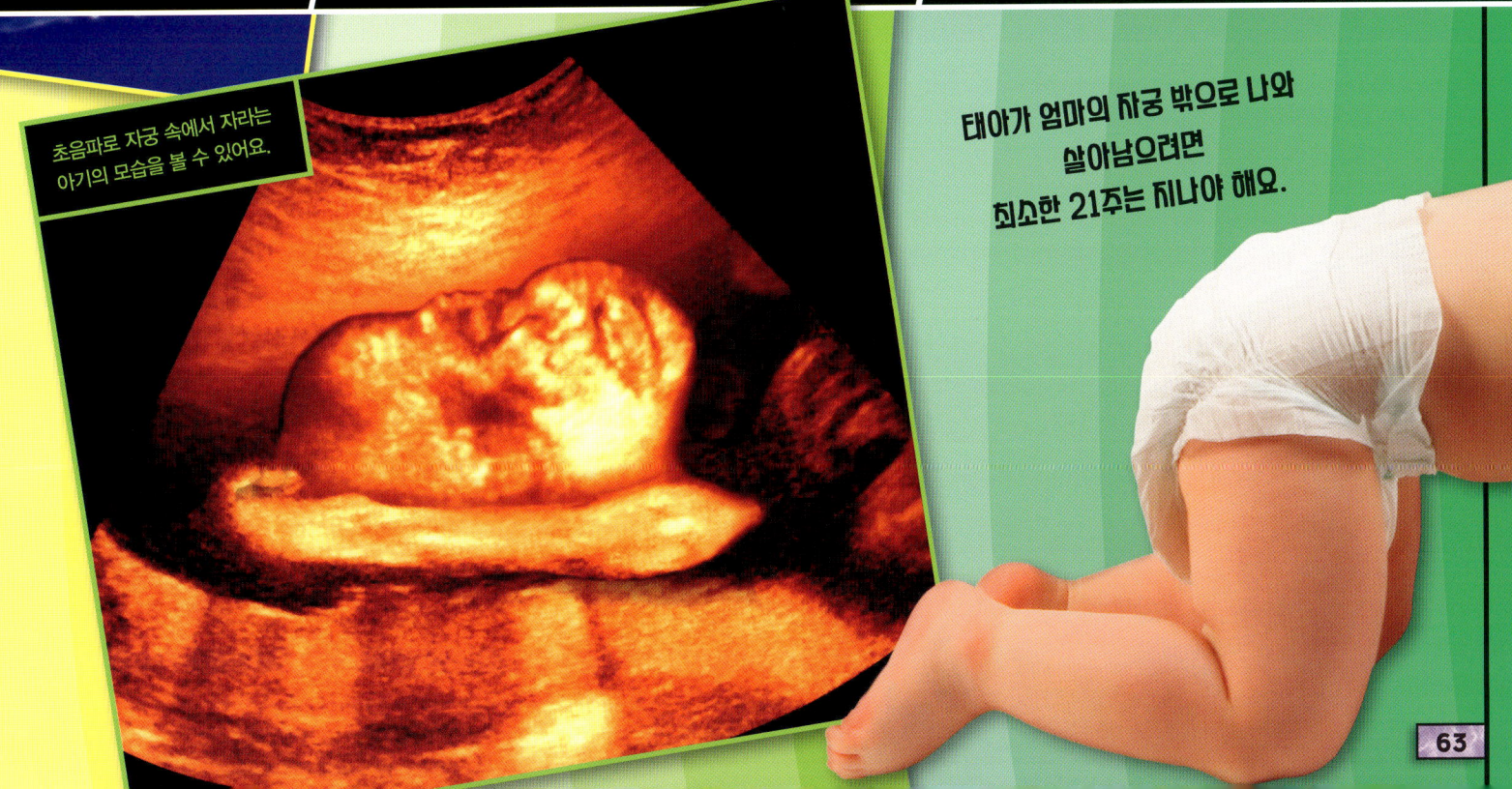

사람은 이렇게 자라요

몸이 성장하는 속도는 나이와 성별에 따라 달라요. 아기와 십 대 때는 성장이 빠르고, 남자는 대체로 여자보다 키가 더 커진답니다. 몸의 비율도 나이에 따라 달라요. 아기의 다리는 몸 전체의 4분의 1밖에 되지 않지만, 어른이 되면 다리 길이가 키의 절반 정도에 이르게 되지요.

큰 머리

막 태어난 아기의 머리 크기는 어른의 4분의 3 정도나 돼요. 뇌가 들어 있기 때문이지요. 아기의 머리뼈 사이에는 '천문'이라는 두 개의 틈이 있는데, 이곳은 뼈가 아닌 얇은 막으로 되어 있어요. 덕분에 머리뼈가 약간씩 움직일 수 있어서 뇌가 자랄 수 있는 여유 공간이 생긴답니다. 태어나고 약 18개월이 지나면 천문이 닫히고 머리뼈가 완전히 달라붙게 되지요.

아기들은 어른보다 훨씬 더 강한 후각을 가지고 있어요. 냄새를 맡는 능력이 훨씬 더 뛰어나지요.

무럭무럭 자랄 시간

아이들은 성장 속도가 빨라요. 뇌에서 "더 빨리 자라라"는 메시지의 화학 물질을 계속해서 내보내기 때문이지요. 이 화학 물질을 성장 호르몬이라고 하는데, 이것은 뇌 한가운데 있는 뇌하수체에서 나와요. 성장 호르몬은 세포가 단백질을 만들고 지방을 분해해 에너지로 쓰도록 해 준답니다. 하지만 성장 호르몬이 너무 많이 나오면 거인증이나 말단 비대증이라는 병을 일으킬 수 있어요. 몸 전체가 너무 크게 자라거나 몸의 일부가 지나치게 커질 수 있지요.

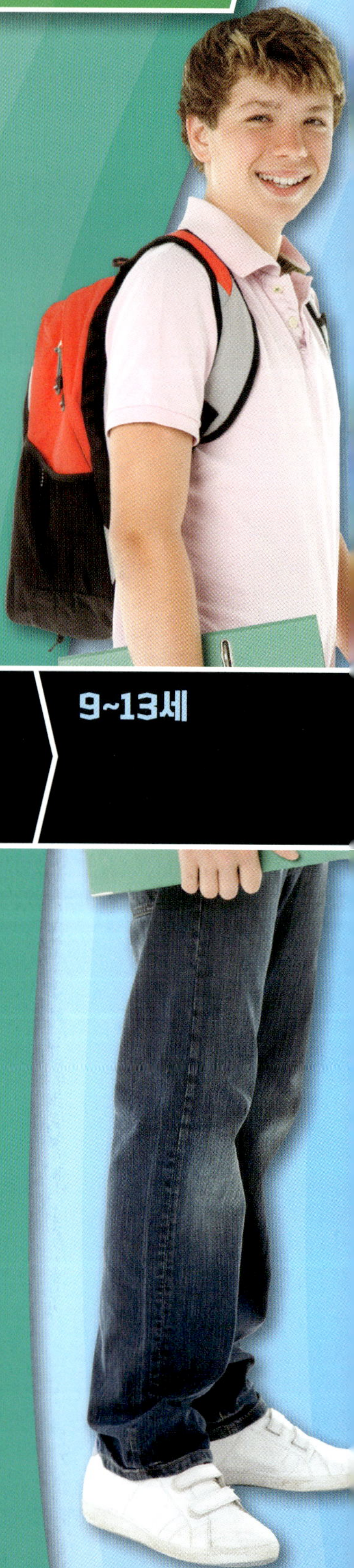

6개월~1세
아기의 이빨이 자라기 시작해요. 위아래 앞니가 제일 먼저 나와요.

1~4세
한 살 정도부터 말을 하기 시작하고, 네 살부터는 간단한 단어도 읽을 수 있어요.

9~13세

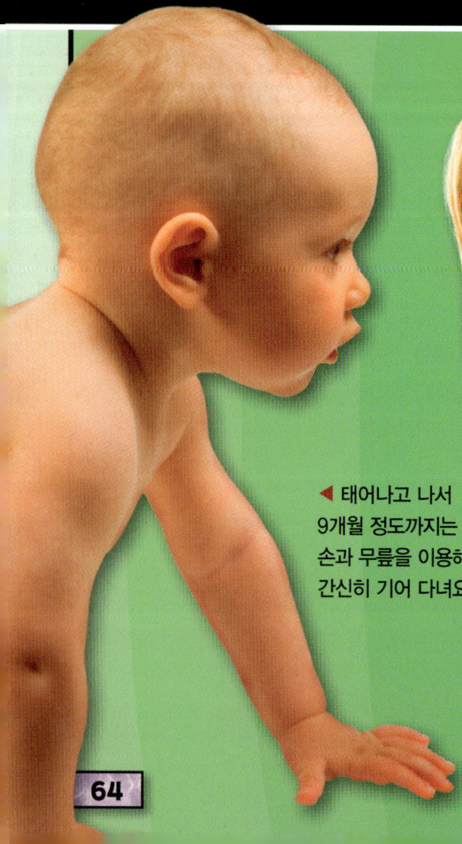

◀ 태어나고 나서 9개월 정도까지는 손과 무릎을 이용해 간신히 기어 다녀요.

◀ 걸음마 단계에서 아기는 똑바로 서서 걷기 위한 힘과 균형감을 서서히 익혀 나가요.

커다란 기회

사춘기는 성적으로 성숙해지는 시기랍니다. 여자는 10세 무렵, 남자는 13세경에 이 과정이 시작되지요. 사춘기 동안 여자는 가슴과 음모가 자라요. 엉덩이는 더 넓어지고 매달 새로운 난자가 만들어지지요. 이렇게 새로운 난자가 나오는 주기를 '월경'이라고 해요. 남자는 음모와 얼굴의 수염이 자라고 고환도 성장해 정자를 만들어 내기 시작해요. 15세쯤 되면 남자의 고환은 날마다 2억 개의 정자를 만든답니다.

◀▼ 성장기 남자는 여자보다 근육이 더 많이 발달해요.

▶ 사람은 나이를 먹으면 키가 더 작아지곤 해요. 등에 있는 척추가 점점 더 많이 눌리기 때문이지요.

프랑스의 여성 잔 칼망(1875~1997)은 122년 164일이나 살았답니다.

◀ 성인 남자들의 키는 평균적으로 성인 여자보다 15센티미터 더 커요.

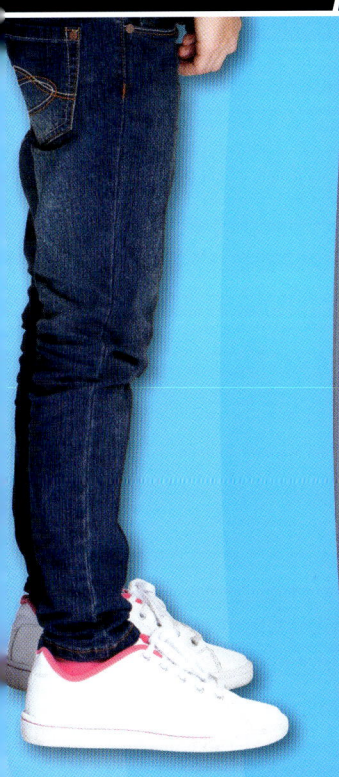

사춘기 때는 키가 쑥쑥 커요. 남자는 1년에 약 9.5센티미터, 여자는 약 8.5센티미터나 자란답니다.

20세 이후

청년기는 대략 20세부터 39세까지, 중년기는 40세부터 59세까지예요.

60세 이후

노년기에는 대체로 시력과 청력이 약해져요.

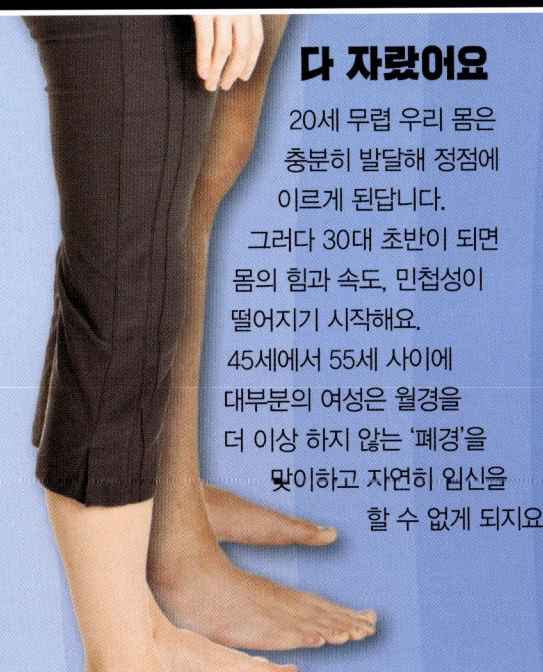

다 자랐어요

20세 무렵 우리 몸은 충분히 발달해 정점에 이르게 된답니다. 그러다 30대 초반이 되면 몸의 힘과 속도, 민첩성이 떨어지기 시작해요. 45세에서 55세 사이에 대부분의 여성은 월경을 더 이상 하지 않는 '폐경'을 맞이하고 자연히 임신을 할 수 없게 되지요.

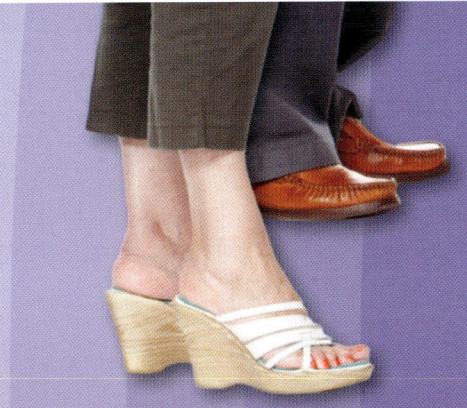

나이가 들면

노년기에 접어들면 몸의 재생 기능이 멈춰 버려요. 근육은 약해지고, 뼈는 부러지기 쉬워지며, 관절이 굳고, 피부가 늘어지고 주름이 생기지요. 색소 세포도 작용을 멈추면서 머리카락이 회색으로 바뀌게 된답니다.

근육의 놀라운 힘

몸을 움직이려면 근육이 필요해요. 손가락 하나 까딱일 때도, 하늘 높이 힘껏 점프할 때도, 심지어는 가만히 앉아 있을 때도 근육이 있어야 하지요. 근육이 없다면 우리 몸은 감자를 담는 자루처럼 푹 꺼지고 말 거예요. 근육은 끊임없이 움츠러들었다(수축) 늘어났다(이완) 하면서 필요할 때마다 즉시 작동하는 놀라운 작은 모터랍니다.

몸에 있는 근육을 모조리 끌어모으면 버스 한 대도 들어 올릴 수 있을 거예요.

산소가 필요해요

근육은 세포가 산소를 충분히 써서 포도당으로 에너지를 만드는 식으로 움직이는 게 제일 좋아요. 즉 '유산소' 운동이 가장 이상적이지요. 하지만 그럴 수 없는 상황이거나 근육을 너무 심하게 쓰면, 근육 세포는 '무산소', 즉 산소를 이용하지 않고 포도당을 태운답니다. 그러면 포도당이 빨리 바닥나서 몸이 금방 피곤해지고 젖산이 쌓이는데, 이 젖산은 근육을 아프게 해요. 젖산을 없애려면 더 많은 산소가 필요하기 때문에 우리는 운동 도중에 멈춰 숨을 헐떡이게 되지요.

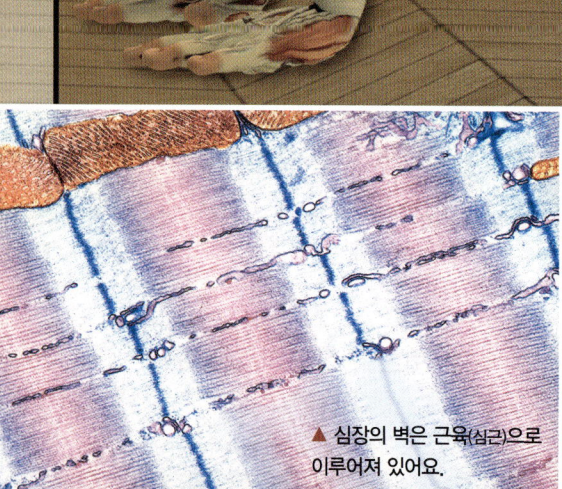

▲ 심장의 벽은 근육(심근)으로 이루어져 있어요.

두 가지 근육

우리 몸에는 두 가지 종류의 근육이 있어요. 생각하는 대로 움직일 수 있는 맘대로근(수의근)과 우리 의지와 상관없이 움직이는 제대로근(불수의근)이에요. 맘대로근은 뼈를 감싸고 있어서 몸이 움직일 수 있도록 해요. 제대로근은 심장 박동과 같은 신체 기능을 조절한답니다.

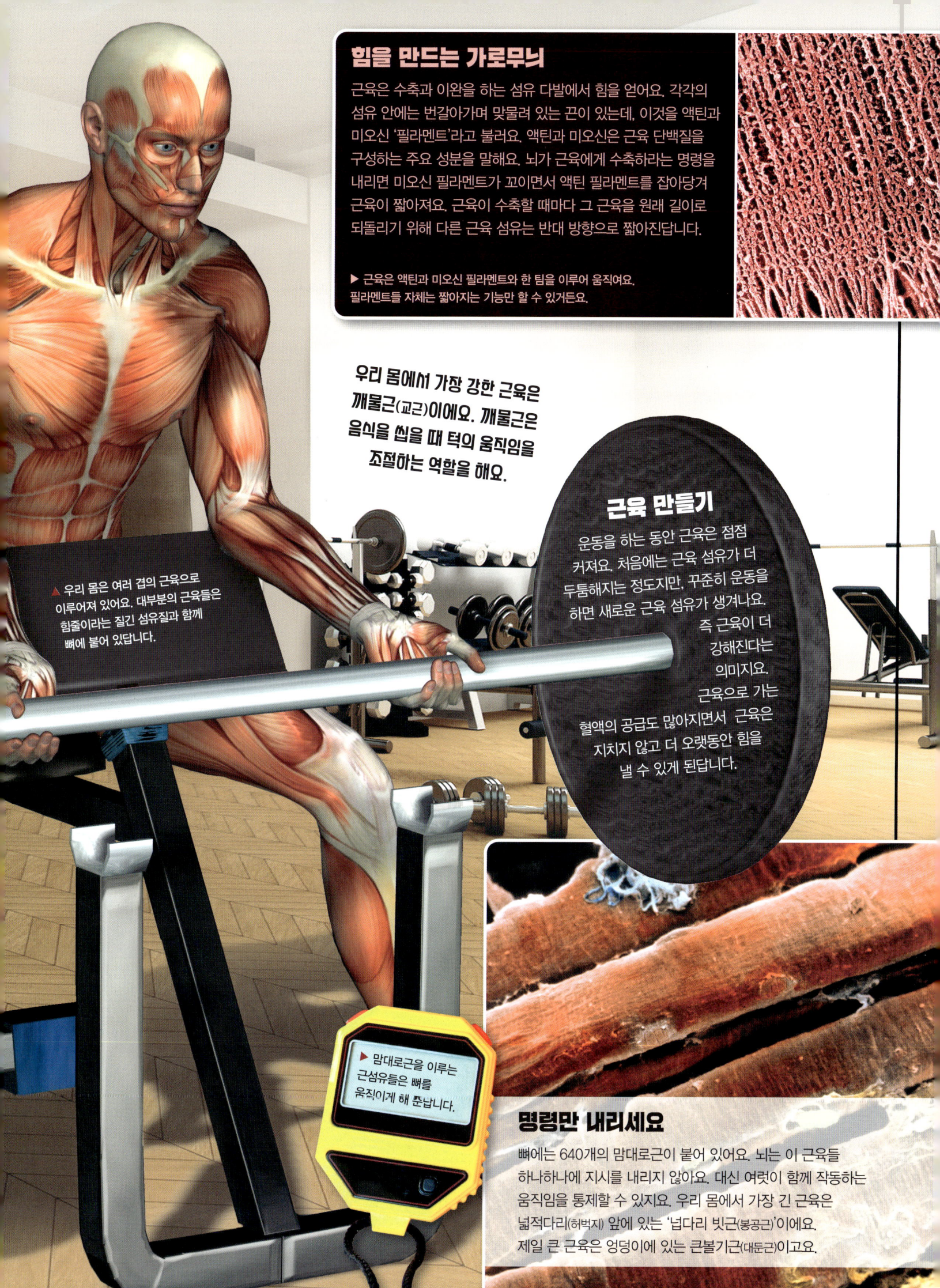

힘을 만드는 가로무늬

근육은 수축과 이완을 하는 섬유 다발에서 힘을 얻어요. 각각의 섬유 안에는 번갈아가며 맞물려 있는 끈이 있는데, 이것을 액틴과 미오신 '필라멘트'라고 불러요. 액틴과 미오신은 근육 단백질을 구성하는 주요 성분을 말해요. 뇌가 근육에게 수축하라는 명령을 내리면 미오신 필라멘트가 꼬이면서 액틴 필라멘트를 잡아당겨 근육이 짧아져요. 근육이 수축할 때마다 그 근육을 원래 길이로 되돌리기 위해 다른 근육 섬유는 반대 방향으로 짧아진답니다.

▶ 근육은 액틴과 미오신 필라멘트와 한 팀을 이루어 움직여요. 필라멘트들 자체는 짧아지는 기능만 할 수 있거든요.

우리 몸에서 가장 강한 근육은 깨물근(교근)이에요. 깨물근은 음식을 씹을 때 턱의 움직임을 조절하는 역할을 해요.

▲ 우리 몸은 여러 겹의 근육으로 이루어져 있어요. 대부분의 근육들은 힘줄이라는 질긴 섬유질과 함께 뼈에 붙어 있답니다.

근육 만들기

운동을 하는 동안 근육은 점점 커져요. 처음에는 근육 섬유가 더 두툼해지는 정도지만, 꾸준히 운동을 하면 새로운 근육 섬유가 생겨나요. 즉 근육이 더 강해진다는 의미지요. 근육으로 가는 혈액의 공급도 많아지면서 근육은 지치지 않고 더 오랫동안 힘을 낼 수 있게 됩니다.

▶ 맘대로근을 이루는 근섬유들은 뼈를 움직이게 해 준답니다.

명령만 내리세요

뼈에는 640개의 맘대로근이 붙어 있어요. 뇌는 이 근육들 하나하나에 지시를 내리지 않아요. 대신 여럿이 함께 작동하는 움직임을 통제할 수 있지요. 우리 몸에서 가장 긴 근육은 넓적다리(허벅지) 앞에 있는 '넙다리 빗근(봉공근)'이에요. 제일 큰 근육은 엉덩이에 있는 큰볼기근(대둔근)이고요.

강력한 구조

뼈는 우리 몸의 형태를 잡아 주는 틀로, 강하고 단단하면서도 가벼워요. 누르는 힘에는 화강암보다 2배, 당기는 힘에는 콘크리트보다 4배나 더 잘 버틴답니다. 그런데도 매우 가벼워서 우리 몸무게에서 차지하는 비중은 14%에 불과해요.

오래가는 뼈대

몸의 틀을 구성하는 뼈들을 통틀어 '뼈대'라고 해요. 사람의 뼈대는 총 206개의 뼈로 이루어져 있답니다. 살아 있는 조직인 뼈는 '골수'에서 만드는 새로운 세포로 계속 보충돼요. 뼈대는 우리 몸 중에서 죽은 이후에도 제일 오랫동안 남아 있는 유일한 부분이에요.

손과 손목에는 30개의 작은 관절이 있어요.

살아 있는 뼈

뼈는 '뼈세포'라는 살아 있는 세포로 가득 차 있답니다. 뼈세포 하나하나는 '뼈세포방'이라는 작은 주머니 안에 들어 있어요. '뼈 모세포'라고 불리는 일부 뼈세포들은 새로운 뼈를 만들어요. '뼈 파괴 세포'라는 다른 뼈세포들은 낡고 오래된 뼈들을 잘게 부수지요. 뼈의 안쪽에는 말랑한 스펀지 같은 '골수'가 있는데, 여기서는 새로운 혈액 세포들이 만들어져요.

우리 몸에서 제일 작은 뼈는 귓속에 있는 '등자뼈'예요. 길이가 3밀리미터밖에 안 된답니다.

▲ 뼈 모세포 안에는 단단한 뼈를 만들기 위한 칼슘염 덩어리들이 있어요.

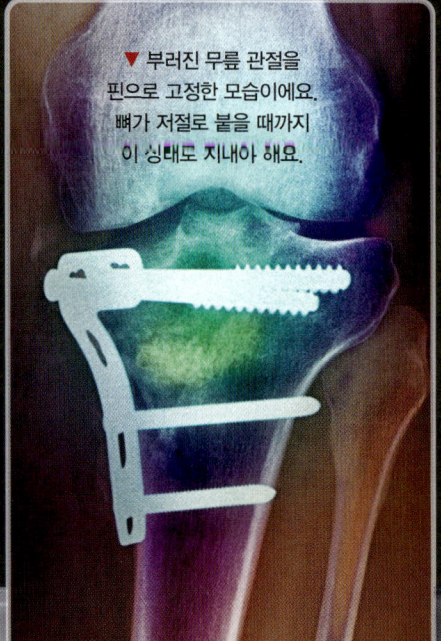

▼ 부러진 무릎 관절을 핀으로 고정한 모습이에요. 뼈가 저절로 붙을 때까지 이 상태로 지내야 해요.

부러진 뼈

뼈는 단단하지만 부러질 수도 있어요. 이렇게 뼈가 부러진 상태를 '골절'이라고 해요. 대부분의 골절은 치료할 수 있답니다. 뼈가 부러지면 뼈 모세포가 부러진 곳에 새로운 뼈를 이어 붙여 나가면서 서서히 그 틈을 메워 주거든요. 부러진 뼈를 똑바로 맞춰야 할 때도 있는데, 이때는 핀이나 깁스로 뼈를 고정시켜 부러진 곳이 제자리를 잡을 수 있도록 해 줘요.

팔다리 뼈대는 126개의 뼈로 이루어져 있고, 몸통 뼈대에 매달려 있어요. 어깨, 팔, 손, 골반, 다리, 발이 팔다리 뼈대에 속해요.

몸통 뼈대는 몸의 위쪽 상반신을 이루는 총 80개의 뼈들로 구성되어 있어요. 머리뼈, 등뼈, 갈비뼈, 가슴뼈 등이 있지요.

뼈는 왜 강할까?

뼈는 공학적으로 뛰어난 구조물이에요. 구멍이 숭숭 뚫려 있어 가벼운데도 강하거든요. 뼈가 강한 이유는 탄력 있는 콜라겐 섬유와 '뼈 잔기둥'이라는 벌집 모양의 기둥이 잘 조합되어 있기 때문이에요. 뼈 잔기둥은 얇지만 완벽한 각도를 이루고 있어서 외부에서 힘을 가해도 쓰러지지 않고 잘 버틴답니다.

◀ 뼈 내부의 잔기둥으로 이루어진 그물망 덕분에 뼈는 가볍고도 강하답니다.

▼ 사람의 발에는 26개의 뼈와 33개의 관절이 있어요. 덕분에 우리는 균형을 잡고 움직일 수 있지요.

한 걸음 한 걸음 내디딜 때마다 넓적다리뼈는 1제곱센티미터당 31킬로그램의 무게로 누르는 힘을 지탱해요.

움직이는 뼈

뼈대는 강하고 단단하지만 쉽게 구부러지기도 해요. 수많은 뼈들이 '관절'로 이어져 있기 때문이에요. 관절 부위에서 뼈들은 '인대'라는 섬유질에 의해 서로 연결되고, 매끄럽고 말랑말랑한 '연골'은 충격을 흡수해 준답니다.

외계인이 쳐들어왔어요!

여러분은 우리 몸이 깨끗하다고 생각하겠지만, 현미경으로 보면 사실상 벌레들의 동물원이라고 할 수 있어요. 우리 장 속에는 1000종류의 세균이 살고 있고, 피부에도 이에 버금가는 수의 작은 벌레들이 진을 치고 있답니다. 게다가 주변에는 곰팡이, 바이러스, 모기, 벼룩, 빈대, 진딧물, 쇠파리, 이, 거머리, 진드기, 기생충…….

머릿니

이(머릿니)는 아주 작은 벌레로, 수천 년 전부터 사람의 머리카락을 보금자리 삼아 살아왔어요. 이는 맨눈으로 보일 정도의 크기예요. 날지는 못하고, 평생 두피에서 피를 조금씩 빨아먹으며 살아간답니다.

진드기

우리의 발과 손목, 생식기, 머리카락의 뿌리는 '모낭진드기(모낭충)'라는 작은 벌레의 집이랍니다. 진드기는 거미류의 친척뻘이지만, 워낙 작아서 맨눈으로는 볼 수 없어요. 다 자란 것들도 길이가 0.25밀리미터가 안 되거든요.

◀ 이 작은 진드기는 사람의 눈썹 뿌리에도 살아요.

◀ 머릿니는 사람의 머리카락 사이에서 일생을 보낸답니다.

버텨 봐야 소용없어!

살아 있는 리본

익히지 않은 고기나 덜 익은 고기를 먹으면 장 속에 납작한 리본 모양의 조충이 생길 수 있어요. 조충은 장 안에 자리를 잡고 그 사람이 먹는 음식에서 양분을 빨아먹으며 사는데, 얼마 못 가서 질병을 일으켜요. 조충은 굉장히 납작하고 사람의 장은 매우 길기 때문에 이 벌레는 무려 9미터가 넘는 길이까지 자랄 수 있답니다!

▲ 1991년, 의사들은 샐리 메이 월리스라는 미국인의 장에서 길이 11미터에 이르는 조충을 끄집어냈어요.

▲ 조충의 머리에는 창자 안쪽에 딱 달라붙을 수 있는 빨판이 있어요.

대장균이 득실득실

장 속에 살고 있는 세균, 즉 '장내 세균' 가운데 약 0.1%는 대장균에 속해요. 대부분의 대장균은 우리 몸에 크게 해를 끼치진 않지만, 이따금 식중독 같은 질병을 일으킬 수 있어요. 대장균은 깨끗이 씻지 않은 채소나 익히지 않은 고기에 붙어 우리 몸에 들어와 수를 늘리고 해로운 물질을 퍼뜨린답니다.

▲ 자외선을 쪼이면 손에 묻은 세균을 볼 수 있어요.

▲ 대장균은 장 속에 살면서 우리에게 비타민 K2와 B1을 공급해 주기도 한답니다.

피부 속 벌레들

성능이 뛰어난 현미경으로 보면 우리 피부에는 미시한 세균이 바글바글해요. 대부분은 '방선균'으로, 흙에서도 흔히 발견되는 것들이지요. 피부에는 수십억 마리가 넘는 세균이 있지만, 워낙 작아서 그것들을 다 합쳐도 완두콩 크기에도 못 미친답니다.

이게 끝이 아니에요! 훨씬 더 많아요!

고치고, 새로 만들고

우리 몸은 해로운 것에 맞서 스스로 보호막을 치고 손상된 곳을 고치는 일도 제법 잘해 낸답니다. 그렇지만 가끔은 의학의 도움을 받아야 할 때도 있어요. 백신은 앞으로 걸릴지도 모르는 병에 대비해 우리 면역계를 무장시켜요. 항생제는 병을 일으키는 세균을 죽이고, 수술은 우리 몸에 문제가 생긴 곳을 바로잡아 주지요.

▶ 이 티타늄 무릎 관절(붉은색)은 망가진 무릎을 대신해 줘요.

새로운 관절

뼈는 튼튼하지만 자칫 손상될 수도 있어요. 특히 관절은 다치기 더 쉬워요. 관절이 아예 못 쓸 정도로 망가지면 외과 의사들은 그것을 떼어 내고 티타늄 같은 특정 재료로 만든 새로운 관절로 대체하기도 한답니다. 이런 인공 관절은 10년 정도 쓸 수 있어요. 관절 대체 수술은 컴퓨터를 이용하기 때문에 완벽하게 꼭 들어맞는답니다.

생체 공학이 만든 몸

인공 손과 팔은 뇌로부터 신경 신호를 직접 받아서 반응해요. 그래서 그저 작은 생각하는 것만으로 작은 전기 모터를 조종해 생체 공학 손(보철물이라고도 해요)을 움직일 수 있답니다. 생체 공학은 되돌릴 수 없을 정도로 심각하게 망가진 손이나 팔을 대체하는 데 이용되고 있어요. 미래에는 군인들이 생체 공학의 도움을 받아 '슈퍼 파워'를 갖게 될 수 있을지도 몰라요.

▶ 영국 스코틀랜드의 소방관인 이언 라이드는 사고로 한쪽 팔을 잃었어요. 이후 생체 공학의 도움을 받아 진짜 손처럼 물건을 꽉 쥘 수 있는 인공 팔로 대체했답니다.

한 군인은 팔에 생체 공학 팔을 추가로 장착하고 300킬로그램이 넘는 물건을 든 상태로 언덕을 뛰어 올라갈 수 있었어요.

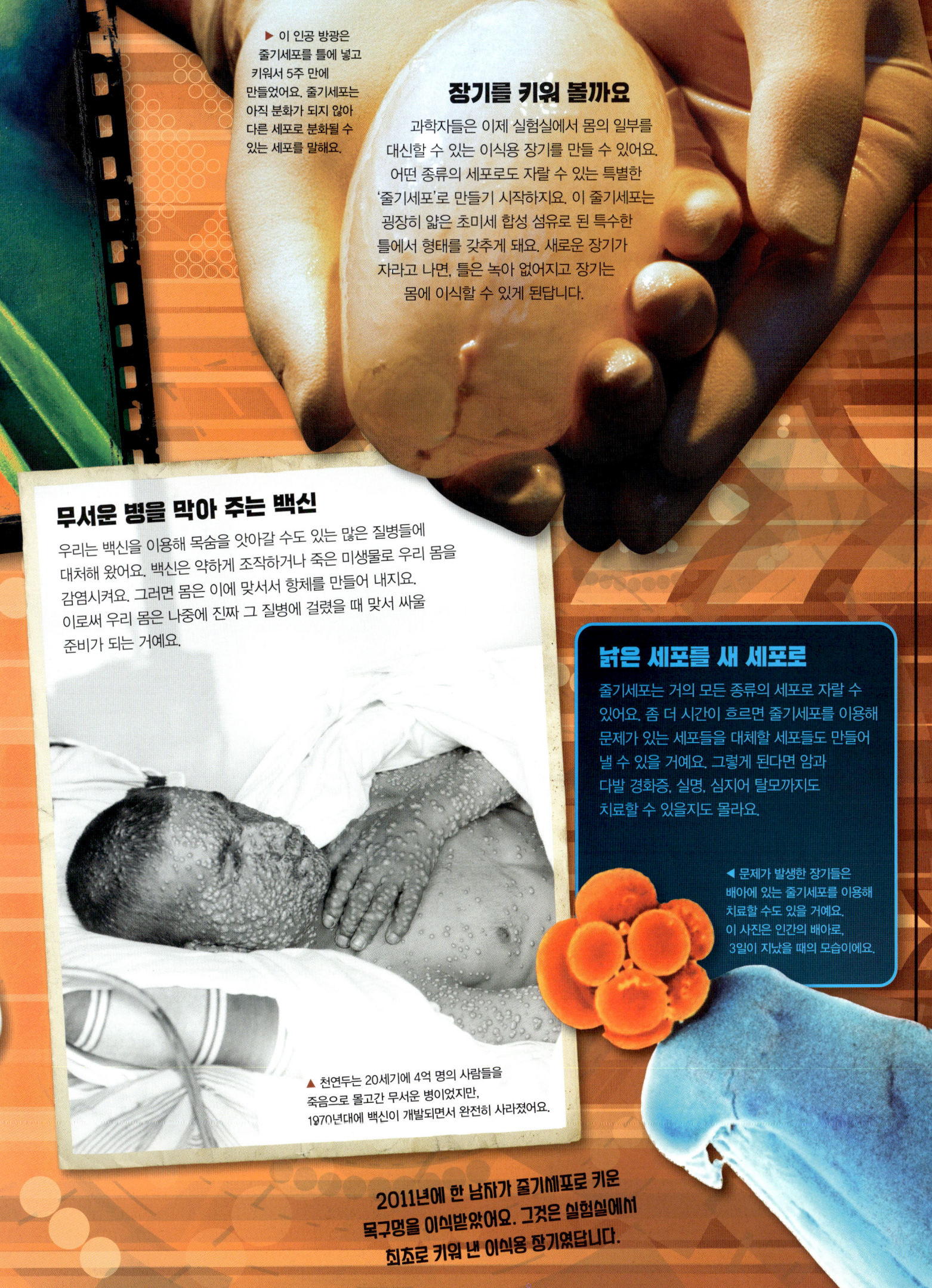

▶ 이 인공 방광은 줄기세포를 틀에 넣고 키워서 5주 만에 만들었어요. 줄기세포는 아직 분화가 되지 않아 다른 세포로 분화될 수 있는 세포를 말해요.

장기를 키워 볼까요

과학자들은 이제 실험실에서 몸의 일부를 대신할 수 있는 이식용 장기를 만들 수 있어요. 어떤 종류의 세포로도 자랄 수 있는 특별한 '줄기세포'로 만들기 시작하지요. 이 줄기세포는 굉장히 얇은 초미세 합성 섬유로 된 특수한 틀에서 형태를 갖추게 돼요. 새로운 장기가 자라고 나면, 틀은 녹아 없어지고 장기는 몸에 이식할 수 있게 된답니다.

무서운 병을 막아 주는 백신

우리는 백신을 이용해 목숨을 앗아갈 수도 있는 많은 질병들에 대처해 왔어요. 백신은 약하게 조작하거나 죽은 미생물로 우리 몸을 감염시켜요. 그러면 몸은 이에 맞서서 항체를 만들어 내지요. 이로써 우리 몸은 나중에 진짜 그 질병에 걸렸을 때 맞서 싸울 준비가 되는 거예요.

낡은 세포를 새 세포로

줄기세포는 거의 모든 종류의 세포로 자랄 수 있어요. 좀 더 시간이 흐르면 줄기세포를 이용해 문제가 있는 세포들을 대체할 세포들도 만들어 낼 수 있을 거예요. 그렇게 된다면 암과 다발 경화증, 실명, 심지어 탈모까지도 치료할 수 있을지도 몰라요.

◀ 문제가 발생한 장기들은 배아에 있는 줄기세포를 이용해 치료할 수도 있을 거예요. 이 사진은 인간의 배아로, 3일이 지났을 때의 모습이에요.

▲ 천연두는 20세기에 4억 명의 사람들을 죽음으로 몰고간 무서운 병이었지만, 1970년대에 백신이 개발되면서 완전히 사라졌어요.

2011년에 한 남자가 줄기세포로 키운 목구멍을 이식받았어요. 그것은 실험실에서 최초로 키워 낸 이식용 장기였답니다.

화학 물질이 보내는 신호

우리 몸은 언제, 얼마만큼 자라야 하는지를 어떻게 아는 걸까요? 스트레스에는 어떻게 대처하고 있을까요? 몸속에 있는 수천 가지 물질을 어떻게 늘 균형 잡힌 상태로 유지하는 걸까요? 우리 몸을 조절하는 이런 복잡한 일은 '호르몬'이라고 불리는 화학 물질의 시스템이 도맡아 관리하고 있답니다.

호르몬과 내분비샘

호르몬은 세포들에게 특정한 영향을 미치는 화학 물질이에요. '내분비샘'은 아주 작은 호르몬 방울을 혈액 속으로 내보내 몸 전체에 퍼뜨리지요. 각각의 분비샘들은 자기만의 특별한 호르몬을 분비해요. 호르몬은 역시 나름의 독특한 임무를 지니고 있고요.

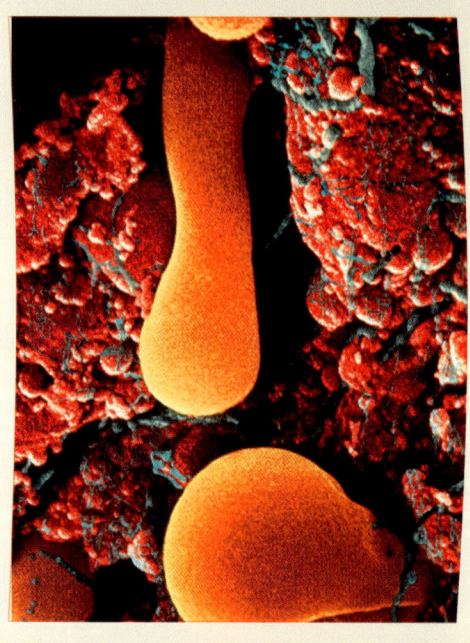

▶ 갑상샘 글로불린(아래 사진에서 주황색)은 우리 몸의 에너지 사용을 조절하는 갑상샘 호르몬을 만들어요.

물에 주었다가 막았다가

호르몬은 똑똑한 '피드백' 시스템을 이용해 스스로 작용한답니다. 간은 우리 몸의 에너지원인 포도당을 혈액에 공급해요. 그러다 포도당 수치가 너무 높게 올라가면 췌장에서 인슐린이라는 호르몬을 분비하지요. 인슐린은 간에게 신호를 전달해 포도당 공급을 멈추도록 하는 신호를 전달해요.

▶ 췌장 안에 있는 내분비 조직은 랑게르한스섬은 혈액 속 당분(혈당)의 양을 조절하는 호르몬을 분비해요.

남학생에게는 무게가 1그램도 채 안 되지만 우리 몸에서 가장 중요한 기관 중 하나랍니다.

무럭무럭 자라라! 성장 호르몬

목에 있는 갑상샘과 뇌에 있는 뇌하수체는 처리 정도로 크지만, 우리 몸이 정상적으로 자라는 데 꼭 필요한 호르몬을 만들어 내보내요. 세 가지 갑상선 호르몬은 세포가 얼마나 빠르게 에너지를 사용할지를 조절해요. 뇌하수체는 성장 호르몬을 만드는데, 이 호르몬은 세포를 얼마나 빠르게 자라고 증식할지를 통제한답니다.

▶ 우리 몸에 성장 호르몬이 너무 많으면 몸이 지나치게 커질 수 있어요. 가장 큰 기네스북에 올라 있는 술탄 쾨센은 손의 너비가 30.5센티미터로, 현재 세계에서 제일 큰 손을 가지고 있답니다.

아드레날린이 솟아요

갑자기 무서운 상황이 닥치면, 우리 몸은 아드레날린과 노르아드레날린이라는 호르몬을 분비해 위험에 대비할 준비를 한답니다. 이 호르몬들이 혈액 속에 쏟아져 들어가면 심장이 더 빠르고 강하게 뛰기 시작해요. 근육으로 가는 혈액이 훨씬 크게 세우기 도망치거나 싸울 수 있게 준비해줘요. 반면, 피부로 가는 혈액은 줄어들어 얼굴이 창백하고 차가워져요. 눈은 더 크게 열려서 좀 더 넓은 시야를 확보할 수 있게 되지요.

▶ 반지전프와 같은 하는 일은, 단지 재미를 위해 일부러 몸을 던지는 거예요. 낯선 모험 없기지 전혀 필요 없이 아드레날린 분비를 출리기 위해서죠.

변화의 시간

사춘기라는 특정 시기가 되면 우리 몸에서는 성 호르몬이 나오기 시작해요. 여자의 난소는 월경 주기를 조절하는 에스트로겐과 프로게스테론이라는 호르몬을 만들어요. 남자의 고환에서는 테스토스테론이 만들어지죠. 이 호르몬 정자의 생성을 촉진하고 굵은 목소리와 근육의 특징들이 성장 특징들을 나타내도록 해 준답니다.

▶ 활약들 중발시키면 성 호르몬인 테스토스테론이 결정으로 남아요.

사람이 만든 인공 스테로이드 호르몬은

만식 증상을 가라앉히기 위한 용법기에 사용된답니다.

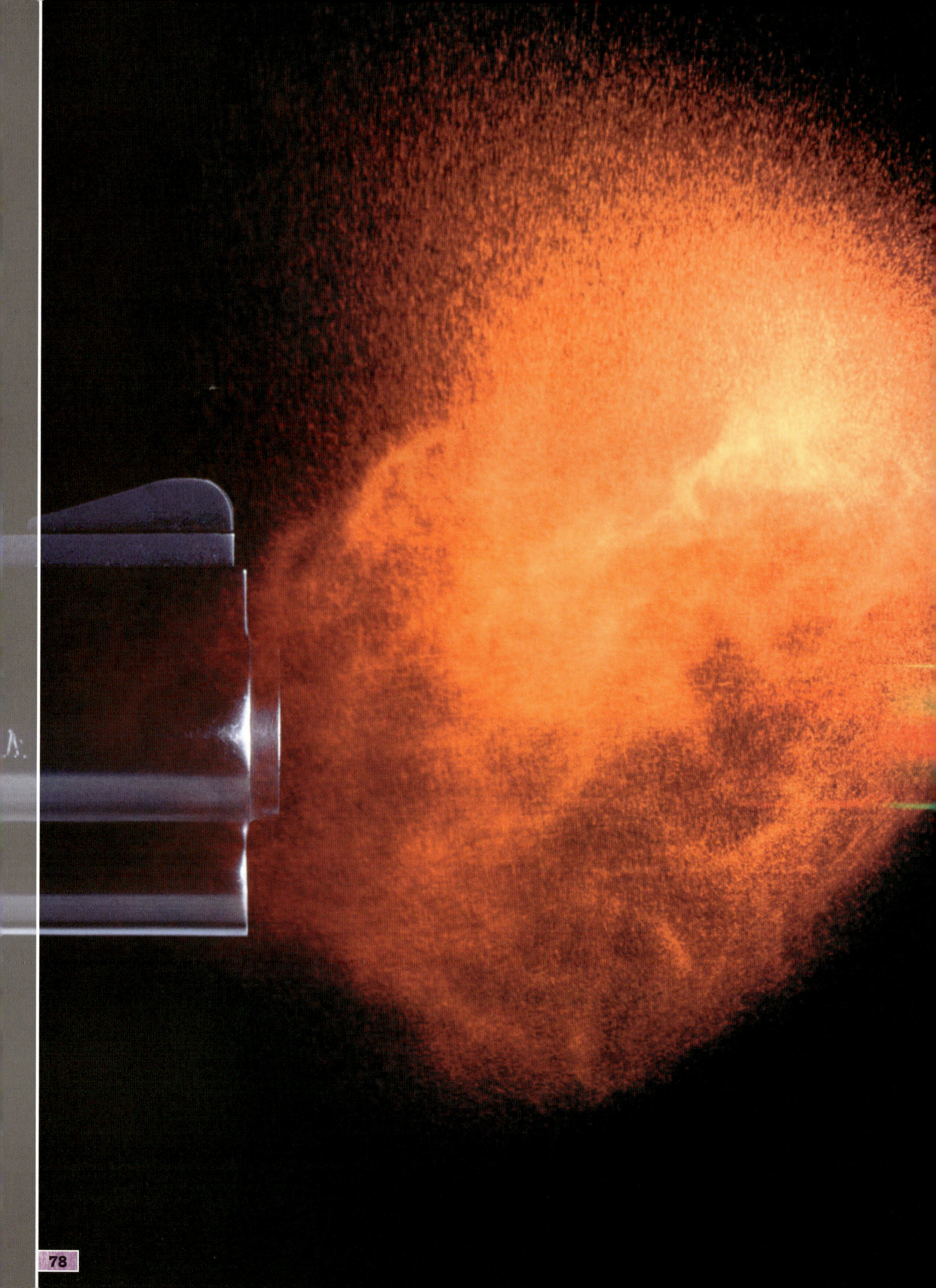

무서운 과학

지금부터는 놀랍도록 격렬한 반응과 아주 위험한 물질들을 살펴볼 거예요. 다른 것들을 급속히 녹여 버리는 산성 물질과 별 안쪽에서 일어나는 폭발 등 과학이 '빵!' 하고 터지는 순간들이 기다리고 있답니다.

이상한 물질	80
공기 속에서	82
너무 활발한 금속들	84
해로운 할로겐	86
무시무시한 액체	88
독성 광물 TOP 10	90
슈퍼 탄소	92
극저온의 세상	94
압력을 받으면	96
원유를 나누어 봅시다	98
뜨거운 이야기들	100
빵! 터뜨려 볼까요?	102
빵! 터지는 생각들	104
굉장히 빠른 총알	106
찌릿한 힘	108
위험한 방사선	110
별의 탄생	112

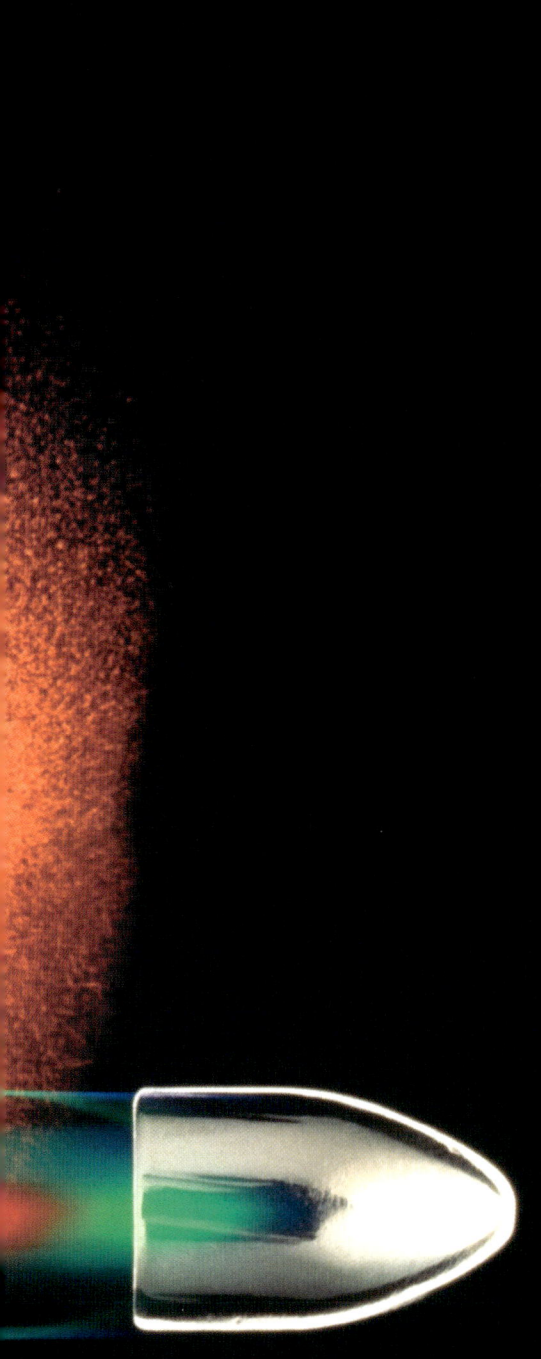

◀ 고속 사진을 찍어 보면, 총구멍을 빠져나간 총알의 엄청난 힘을 확인할 수 있어요.

이상한 물질

지구상의 일반적인 조건에서 물질은 고체, 액체, 기체라는 세 가지 상태로 존재해요. 온도와 압력을 변화시키면 상태가 바뀔 수도 있어요. 그런데 물질들은 좀 더 독특한 다른 상태로도 존재할 수 있답니다. 단, 매우 극단적인 조건일 때만 그래요.

▶ 플라스마 공 속에서, 전기가 드나드는 곳인 전극에 높은 전압을 걸면 기체들이 빛을 발하는 플라스마 상태로 바뀌어요.

속이 보이는 고체

대부분의 고체와 달리 유리는 확실한 형태가 없는 '무정형' 물질이에요. 즉 일정하게 규칙적으로 배열되는 고체 물질인 결정(結晶)을 가지고 있지 않아요. 결정이 없는 표면은 빛이 지나는 길을 방해하지 않기 때문에 유리가 투명한 거랍니다. 고체인 유리가 액체처럼 아주 천천히 흐른다고 생각하는 사람들도 있지만, 이건 그저 그들만의 생각일 뿐이에요. 유리는 분명히 고체랍니다. 분명한 모양과 부피를 가지고 있으니까요.

200만 ℃

1500℃

번쩍이는 플라스마

고체, 액체, 기체에 덧붙여 '제4의 물질 상태'라고 불리는 플라스마는 전기를 띤 원자와 전자로 이루어져 있습니다. 자연 속에서는 번쩍이는 번개나 우주의 별들처럼 에너지가 극도로 높은 상황에서 플라스마를 찾아볼 수 있어요. 사람이 만든 플라스마는 거리의 조명이나 네온사인에 이용되고 있어요. 플라스마 기술을 활용하면 전기를 아주 조금만 사용하고도 매우 밝은 빛을 낼 수 있답니다.

▲ 유리를 녹이면 걸쭉하고 고무 같은 액체가 돼요. 이것으로 여러 모양을 만들 수 있답니다.

에너지가 낮은 기체

보스-아인슈타인 응축물은 '제5의 물질 상태'예요. 그 존재를 처음 이야기한 두 명의 과학자 알베르트 아인슈타인과 사티엔드라 나드 보스의 이름을 딴 것이지요. 과학자들은 기체를 절대 온도 0도(섭씨 -273.15도)보다 수천 분의 1도 높은 정도로 차갑게 해서 '응축'이라는 상태를 만들어요. 이렇게 낮은 온도에서는 기체 안의 원자가 에너지가 가장 낮은 상태가 되고 특이한 방식으로 움직이게 된답니다.

보스-아인슈타인 응축물을 지나가는 빛은 시속 60킬로미터 정도까지 느려지고 심지어는 아예 멈춰 버릴 수도 있어요.

◀ 보스-아인슈타인 응축물을 만들기 위해 기체 안에 있는 원자들을 차갑게 식히는 데는 레이저가 이용돼요.

기체를 담은 용기

레이저 광선

-273.15°C

-182°C

마른 얼음

이산화 탄소를 섭씨 -78.5도에서 얼리면 이른바 '드라이아이스'가 된답니다. '드라이아이스'는 '마른 얼음'이라는 뜻으로, 녹아도 액체가 되지 않기 때문에 붙은 이름이에요. 대신에 드라이아이스는 '승화'돼요. 승화란 고체가 액체 상태를 거치지 않고 곧장 기체가 되는 것을 말해요. 이산화 탄소는 일반적인 대기압보다 5배 더 높은 압력이 있어야만 액체 상태가 될 수 있답니다.

-78.5°C

▶ 과학자들은 메탄 하이드레이트가 언젠가는 에너지원이 될 수 있으리라고 생각해요. 메탄 하이드레이트란 천연가스의 주요 성분인 메탄이 낮은 온도와 높은 압력으로 물에 녹은 채 얼어 있는 상태의 물질을 말해요.

불타는 얼음

메탄은 불이 붙기 매우 쉬운 기체로, 섭씨 -182도에서 고체가 됩니다. 그러나 북극의 영구 동토층(1년 내내 꽁꽁 얼어 있는 땅)이나 바다 밑바닥에서는 물과 함께 얼음의 일부를 이루고 있어요. 메탄의 작은 거품들은 얼어붙은 물의 결정 사이에 갇혀서 메탄 하이드레이트라는 물질이 되는데, 이것을 '불타는 얼음'이라고도 불러요. 메탄 하이드레이트에 불을 붙이면 얼음이 녹으면서 메탄에 불이 붙기 때문이지요.

▲ 드라이아이스는 냉동 제품을 얼린 상태로 배송하는 데 많이 쓰여요. 드라이아이스는 빨리 얼고 지저분한 액체를 남기지 않거든요.

공기 속에서

우리는 지구를 덮고 있는 두꺼운 기체층인 '대기'의 맨 아래에서 공기에 둘러싸여 살고 있어요. 여러 기체들이 섞여 있는 공기는 우리가 살아가는 데 꼭 필요해요. 하지만 공기에 섞여 있는 산소와 수소처럼 공기를 이루고 있는 기체들을 하나하나 떨어뜨려 살펴보면 서로 무지개빛 자연의 모습을 새삼 엿볼 수 있답니다.

대표자 H

원소들을 일정한 기준에 따라 배열한 표를 '주기율표'라고 해요. 주기율표의 첫 번째 자리를 차지하는 수소는 제일 단순하고 가벼운 원소랍니다. 공기에서 수소가 차지하는 비중은 아주 아주 작아요. 고작 0.000055퍼센트거든요. 하지만 공기보다 가벼워서 20세기 초에는 비행선에 수소 연료를 사용했지요. 하지만 수소는 불이 붙기 쉬워서 몇 차례 끔찍한 비행선 사고가 발생했지요. 산소와 섞여 연료로 하는 비행선은 운송을 완전히 이후로 수소를 중단되었답니다.

▶ 1937년, 수소 연료를 가득 채운 헌덴부르크 비행선에 불이 붙어 탑승한 36명이 목숨을 잃었어요.

1
H
수소
1.01

생명을 주는 산소

산소는 공기의 21%를 차지해요. 생명체들은 산소로 숨을 쉬지요. 산소가 없다면 생명체들은 바짝 마르고 말거예요. 먹은 것을 에너지로 바꾸려면 산소가 필요하거든요. 모든 생물은 산소에 의존해 살아가기 때문에 원소 중 하나인 산소는 화학적 활성이 뛰어나 있어요. 산소와 아주 다른 물질에 반응은, 금속 표면에 흔히 녹이 스는 것처럼 아주 서서히 진행되기도 하고 금속이 불에 녹는 것처럼 격렬하게 일어나기도 해요. 활활 타는 화재처럼 하고 건물 전체가 훌훌 날아가게 일어나기도 해요.

안전할까 아닐까?

질소는 공기 중에 가장 많이 있는 기체로, 공기를 구성하는 기체들의 78%가 질소랍니다. 질소는 '비활성' 기체라서 보통 다른 원소들과 쉽게 반응하지 않아요. 하지만 '질소 고정'이라는 과정을 거치면 다른 물질들과 결합해 질소염과 같은 화합물이 된답니다. 식물은 이런 화합물을 이용해 성장을 한답니다. 1880년대에 과학자들은 볼 수 있는 질소를 만드는 법을 알아냈어요. 지금은 비료와 폭약용 합성 질소가 공장에서 대량으로 만들어지고 있지요.

▶ 질소를 주요 원료로 하는 TNT 같은 폭약은 고층 빌딩을 무너뜨려 철거하는 데에도 쓰여요.

82

빛나는 기체

네온이 공기에서 차지하는 비중은 거우 0.0018%에 불과해요. 네온은 '비활성 기체'라서 다른 물질과는 잘 반응하지 않아요. 하지만 전기에는 반응을 합니다. 네온이 포함된 기체로 채운 관에 전류를 흘려보내면 이 비활성 기체는 밝게 빛을 내는 플라스마 상태로 바뀌어요. 우리는 이런 현상을 이용해 도시를 형형색색의 빛으로 장식하고 있답니다.

▶ 네온등을 이용한 건물들이 미국 뉴욕을 환하게 밝히고 있어요. 네온 간판은 엘마든지 다양한 모양과 크기로 만들 수 있거든요. 네온 가스 자체는 오렌지빛을 내는 붉은색 빛을 내요.

▶ 불을 끄기 위해 소방관들은 불을 향해 물을 뿌여요. 온도를 낮춰서 불이 더 이상 무언가를 태우지 못하도록 하려는 것이지요.

새로운 공기에 물들

헬륨은 산소와 원자 하나로 이루어진 기체는 산소 원자가 세 개가 모여 있는 원자로 만들어져요. 헬륨, 바로 일반적인 산소에서 공기에서 다른 모든 것이 두 개가 들어 있는데, 오존의 일부분이 산소의 대부분을 만드는 것이 되어요. 두 원소는 모두 일반은 오존은 지구의 표면에는 스모그의 일부이 됩니다. 하지만 더 잘 반응하므로 지구의 7㎞ 위에서 지표면을 보호하는 해로운 공기에 공기에 오존이 되어요. 하지만 우리를 보호해 주는 해로운 공기에 오존이 되어요.

▶ 평화용 스모그는 자동차나 공장이 내뿜는 가스에 의해 구성돼요. 오존은 이 스모그를 해하게 합니다. 오존은 건강에 해롭답니다.

8 O 산소 16.00

10 Ne 네온 20.18

7 N 질소 14.01

너무 활발한 금속들

주기율표에 있는 원소들 대부분은 금속이고, 그중 많은 것들은 안전에 별문제 없이 사용할 수 있어요. 예를 들어 알루미늄이나 철로 만든 프라이팬은 가스레인지에 올려 뜨겁게 달구거나 물로 씻어도 아무런 화학 반응이 일어나지 않아요. 하지만 나트륨이나 마그네슘 같은 금속은 공기와 물, 불과 만나면 격렬한 화학 반응을 일으킨답니다.

세슘은 옅은 금색을 띠는 금속으로, 얼음에 닿으면 폭발을 일으켜요.

불꽃과 함께 사라지다

프랑슘은 워낙 불안정한 금속이라 아주 빠르게 사라져서 지구상에 거의 존재하지 않아요. 과학자들은 지구의 가장 바깥층, 즉 '지각'에 약 28그램 정도의 프랑슘이 있을 것으로 추정한답니다. 눈으로 확인할 수 있는 정도의 프랑슘을 확보한다고 해도 열을 내면서 순식간에 증발해 버리고 말지요. 과학자들이 최대한으로 끌어모은 프랑슘의 양은 겨우 0.000000000000000016그램이었답니다.

▲ 나트륨이 물을 만나면 오렌지빛 불꽃이 일어요.

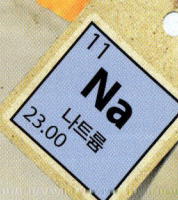

부글부글 나트륨

은색 금속인 나트륨은 식사 때 쓰는 나이프로도 쉽게 잘릴 만큼 물러요. 하지만 나트륨 작은 조각을 물에 떨어뜨리면 그 즉시 표면에서 거품이 부글거리며 격렬한 반응이 일어난답니다. 이와 동시에 열이 발생하고 수소 기체도 생성되지요. 이 열로 인해 수소에 불이 붙으면서 폭발이 일어나요.

이 돌덩이리 안에는 프랑슘 원자가 몇 개 흩어져 있어요.

위험한 칼륨

칼륨과 물이 만나면 열과 수소가 발생해요. 굉장히 적은 양의 칼륨만으로도 금방 수소에 불이 붙을 만큼 꽤 많은 열이 발생하지요. 가루 상태의 칼륨은 공기와 닿으면 저절로 불이 붙기 때문에 미네랄 오일에 넣어 보관해야 해요. 칼륨 덩어리를 오랜 시간 공기 중에 놓아두면, 압력에 민감한 '초산화물'이라는 것이 표면을 덮어서 아주 살짝만 건드려도 폭발 수 있답니다.

19 K 칼륨 39.10

12 Mg 마그네슘 24.31

▲ 마그네슘을 태우면 아주 밝은 빛을 낸답니다.

환하게 불타요

마그네슘은 반응성이 매우 높은 물질이지만, 공기와 만나면 산소와 반응해 반응성이 떨어지는 산화물로 표면이 덮여요. 덕분에 다룰 수 있게 안전하게 보관하고 다룰 수 있게 되지요. 마그네슘은 불이 쉽게 붙고 타기 때문에 매우 밝은 빛을 내며 아주 쉽게 붙어요. 한때 사진사들은 카메라의 '플래시' 용도로 마그네슘을 이용하기도 했답니다.

▼ 이 사진에서 또렷한 보라색 불꽃은 칼륨이 증발된 상태로 그곳에 있다는 것을 알려 주지요.

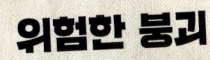

위험한 붕괴

라듐이 물과 만나면 격렬하게 반응해요. 그런데 이런 반응은 라듐의 위험성에 비하면 아무것도 아니랍니다. 라듐은 노벨상을 수상한 과학자 마리 퀴리(1867~1934)가 처음 발견한 물질로, 무겁고 불안정해서 천천히 '붕괴'되는 특징이 있어요. 이렇게 붕괴되는 과정에서 많은 양의 방사성 에너지가 나온답니다. 이것이 오랜 기간 몸에 닿으면 암과 종양, 백혈병 등에 걸릴 수 있어요.

88 Ra 라듐 226.03

▶ 마리 퀴리는 아무런 보호 장비 없이 라듐을 가지고 실험을 해 나갔어요. 훗날 그녀는 재생 불량성 빈혈에 걸려 세상을 떠났는데, 방사선에 노출된 것이 그 원인이었던 걸로 보여요.

▲ 라듐은 매우 많은 에너지를 발생시키기 때문에 어두운 데서도 빛을 낸답니다. 옛날에는 라듐을 시계 표면에 발라 야광 시계를 만들기도 했어요.

해로운 할로겐

할로겐은 반응성이 매우 높고 위험할 수도 있는 원소들이에요. 그런데 알고 보면 집의 방들에서, 동네 가게의 진열대들에서 이 물질이 계속 새어 나오고 있답니다. 미리 겁먹을 필요는 없어요! 제대로만 사용하면 정말로 안전하니까요. 하지만 할로겐 원소들에 대해 잘 알아두지 않으면, 자칫 위험해질 수 있어요.

무서운 아이오딘

종종 '요오드'라고도 불리는 아이오딘은 짙은 색의 반짝이는 고체랍니다. 약간의 아이오딘은 건강한 식생활에 필수적이고, 딸기와 같은 여러 식품에도 자연적으로 들어 있어요. 알코올에 녹여서 소독약이나 살균제로도 쓰지요. 사진기의 필름을 만들 때도 아이오딘을 사용해요. 하지만 양이 많을 때는 독이 될 수도 있고, 아이오딘 증기는 독성이 있어서 호흡에 문제를 일으킨답니다.

▲ 고체의 아이오딘을 실온(보통 방 안의 온도로, 섭씨 25도 정도를 말해요)에 놓아두면 독성을 띤 보라색 기체로 바뀌어요.

53
I
아이오딘
126.90

녹색의 염소 가스는 모든 생명체에게 해로운 물질로, 유일하게 무기로 쓰인 적 있는 원소랍니다.

제1차 세계 대전(1914~1918) 때 전쟁터에 뿌려졌었거든요. 이 가스를 마시면 폐 속에 있는 수분과 반응해 염산이 만들어져요. 이 염산이 폐의 조직을 녹여 버리지요. 이렇게 염소는 생명을 앗아가는 특성이 있긴 하지만, 우리의 건강을 지켜 주는 역할을 하기도 해요. 염소는 더러운 물을 깨끗하게 만드는 정수장과 살균제에도 쓰이거든요. 위험한 미생물이 우리에게 심각한 피해를 입히기 전에 염소가 이것들을 말끔히 제거해 주는 것이지요.

9
F
플루오린
18.998

불같이 사나운 플루오린

독성이 있고 위험한 반응을 일으키는 플루오린 가스는 반드시 조심해서 다뤄야 해요. 이 기체는 워낙 불안정해서 물에 닿으면 곧바로 밝은 불꽃을 내며 타오르거든요. 하지만 플루오린은 유용하게 쓰이기도 한답니다. 집에 있는 냉장고에 쓰이는 '냉매'의 주요 성분이 바로 플루오린이에요. 또한 플루오린이 포함된 불소 수지는 인간이 만든 가장 안정적인 물질 가운데 하나로, 전기를 차단하는 절연재로 많이 사용된답니다.

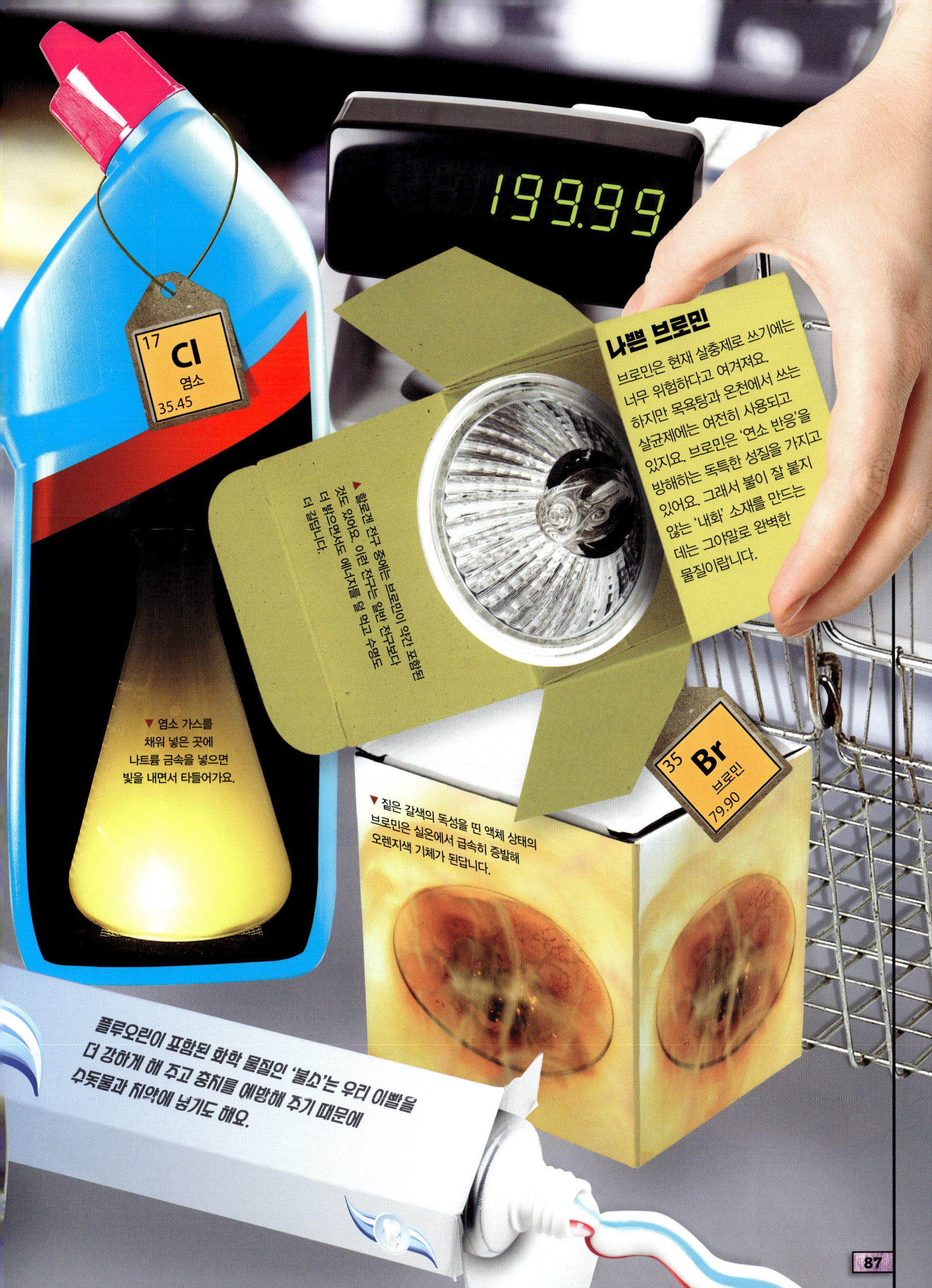

무시무시한 액체

산은 위험한 용액이에요. 물에 녹으면 수소 이온이 나오고, 전류가 통하고, 신맛이 나는 특성이 있답니다. 강한 산은 부식을 일으키는 성질, 즉 '부식성'이 강해서 금속과 돌도 녹일 수 있어요. 약한 산은 자극을 일으키는 성질, 즉 '자극성'이 있어서 우리 피부에 닿으면 물집이 생길 수 있어요.

유리도 녹아요

'불화 수소산(불산)'은 부식성이 굉장히 강해요. 웬만한 금속까지 녹이기 때문에 플라스틱 용기에 담아 보관해야 하지요. 하지만 이런 특성은 쓸모가 있어서 불산은 유리에 글자나 그림을 새기는 데 이용된답니다. 단, 불산을 사용할 때는 특별한 주의가 필요해요. 피부에 닿으면 심각한 화상은 물론 생명에 지장이 있을 정도로 위험할 수 있거든요.

조금만 흘러나와도 위험해요

매우 위험하고 색깔이 없는 액체인 염산은 염화 수소 기체가 보글보글 물에 녹으면서 만들어져요. 강한 산성을 띠는 염산은 플라스틱과 집에서 쓰는 세제 등을 만들 때 많이 사용됩니다. 염산이 내뿜는 기체는 폐를 자극하고 염산이 피부에 닿으면 화상을 입게 되지요. 매년 2000만 톤 이상이 생산되고 운송되다 보니 이따금 염산 유출 사고가 발생하기도 해요.

> 긴급 상황을 처리하는 요원들이 산이나 다른 위험한 물질에 대처하려면 특수한 훈련과 장비를 갖춰야 해요.

금도 녹아요

금은 '금속들의 왕'으로 알려져 있어요. 귀하고 아름다울 뿐만 아니라 산에도 녹거나 색깔이 변하지 않기 때문이지요. 하지만 염산과 질산을 섞은 '왕수'라는 용액이 개발되고 나서는 상황이 달라졌어요. 금광에서 막 캐낸 금들은 암석에 박혀 있어요. 이 금을 녹여서 빼내기 위해 '왕수'를 사용한답니다. 이렇게 금이 녹아 있는 왕수에 화학 처리를 해서 순수한 금을 얻지요.

79 Au 금 196.97

강한 염산 속의 금
강한 질산 속의 금
왕수 속의 금

◀ 제일 오른쪽 시험관의 갈색빛 액체 속에는 '왕수'에 녹은 금이 들어 있어요.

▼ 중국 윈난성의 스린 돌숲 같은 '카르스트 지형'은 오랜 시간에 걸쳐 바위와 탄산이 만나면서 만들어진 거예요.

신기한 풍경을 만든 탄산

비는 대기 중으로 떨어지면서 약간의 이산화 탄소를 빨아들여 약한 탄산으로 바뀌게 돼요. 이것은 식물과 동물에게는 해롭지 않지만, 바위의 작은 틈새로 흘러들어요. 시간이 흐를수록 이 탄산은 석회석을 녹이고 뾰족한 봉우리와 골짜기를 만들어 내게 된답니다.

공해!!

석탄과 석유 같은 '화석 연료'를 태우면 이산화 황 기체가 대기 중으로 뿜어져 나가요. 이 기체는 수증기와 반응해 약한 황산을 만들고, 이 '산성비'는 비와 함께 땅으로 떨어지지요. 이 '산성비'는 나무들을 죽이고 호수와 개울에 사는 동물들에게 해로운 영향을 미친답니다.

▼ 산성비는 돌로 만든 석상과 건물들도 망가뜨려요.

독성 광물 TOP 10

지구의 제일 바깥층인 지각에는 소중하고 유용한 광물들이 많아요. 하지만 살아 있는 생물들에게 결정적 해로운 물질들도 있답니다. 그 위험성이 어느 정도인지도 확실히 알 수 없고요. 독이 있는 동물과 달리 독성이 있는 광물들은 겉모습만 보아서는 얼마나 위험한지 알기 어렵답니다.

1 탈륨

부드럽고 은빛이 도는 금속인 탈륨은 전자 제품과 유리 산업에 이용돼요. 탈륨이 포함된 화학 물질은 한때 살충제나 쥐약에 흔히 쓰였지만, 너무 위험하다는 이유로 지금은 사용을 금지하고 있어요. 탈륨은 몸속 장기들과 신경계를 망가뜨리고 목숨을 앗아갈 수도 있답니다.

81 Tl 탈륨 204.38

2 비소

비소는 한때 나무와 농산물을 보호하기 위해 농약으로 많이 쓰이던 물질이에요. 하지만 비소가 포함된 모든 물질은 몇 가지 특수한 새균들을 제외하고 모든 생명체에게 치명적인 영향을 미칠 수 있답니다. 짧은 시간 동안 비소와 닿아 있으면 구토와 설사 증상이 나타날 수 있어요. 오랫동안 비소에 노출되면 몸속 여러 장기들에 문제가 생겨 사망에 이를 수도 있고요.

33 As 비소 74.92

3 베릴륨

베릴륨은 강하고 가벼운 금속이에요. 녹는점이 높은 특징이 있고, 비행기 제조와 컴퓨터 업계 등 여러 산업 현장에서 두루 이용된답니다. 하지만 여러 가지 큰 단점이 있는데, 양이 적고 얻기에 독성이 있다는 점이에요, 베릴륨은 피부병은 물론 폐렴과 유사한 질병을 일으킬 수 있어요.

4 Be 베릴륨 9.01

4 인

인은 뼈와 치아를 더욱 단단하게 하기 때문에 우리에게 필요한 물질이에요. 하지만 너무 가까이 지내면 안 된답니다. 인을 포함한 화학 물질들은 인류가 만든 가장 치명적인 독극물 중 하나거든요. 짧은 기간 이런 물질에 노출될 경우 관절에 통증이 생기고, 더 긴 시간 접촉하면 뼈가 약해지고 신장이 망가져 버린답니다.

5 카드뮴

카드뮴은 독성이 강한 금속이에요. 지각에 묻혀 있는 양은 적지만 부식이 잘 일어나지 않아 충전식 배터리를 만드는 데 흔히 쓰인답니다. 하지만 카드뮴이 호흡을 통해 우리 몸에 들어오면 폐에 문제가 생길 수 있어요. 입을 통해 들어오면 위를 자극해 구토와 설사를 일으킬 수 있고요. 오랜 시간 카드뮴에 노출되면 뼈가 약해지고 신장 질환에 걸릴 수 있어요.

48 Cd 카드뮴 112.41

7 석면

자연적으로 생겨나는 광물인 석면은 불에 타지 않기 때문에 예전에 건물의 단열재(열과 불을 막아 주는 자재)로 많이 쓰였어요. 하지만 1980년대에 전 세계 많은 국가에서 법으로 사용이 금지되었답니다. 석면 가루를 들이마시면 심각한 폐 질환에 걸린다는 사실이 밝혀졌기 때문이에요.

10 안티모니

안티모니는 은빛이 도는 금속이에요. 자연 속에서는 대체로 황과 섞여 있는 상태로 존재한답니다. 이것을 '끌'이라고 해요. 검은색 물질이 굳은 숯처럼 쉽게 부서지며, 약간 윤기가 도는 가루가 되기도 합니다. 고대 이집트 사람들은 눈화장을 할 때 쓰기도 했어요. 이 독성 금속이 아주 작은 양으로 두통과 메스꺼운 증상을 일으킬 수 있다는 걸 그땐 몰랐지요.

51 Sb 안티모니 121.75

9 진사

진사는 수은의 중요한 원료로, 최근 화산 활동이 있던 곳 근처에서 많이 찾아볼 수 있는 광석이에요. 이 무른 광석은 곱게 빻아서 '버밀리언'이라는 붉은색 물감(염료)을 만드는 데 이용할 수 있어요. 진사를 뜨겁게 달구면 수은이 많이 나온 수은이 만들어져요. 수은을 만지면 몸이 떨리는 증상이 나타나거나 신경이 손상되거나 목숨을 잃을 수도 있답니다.

6 백연석

백연석은 겉보기에 전혀 해롭지 않아 보이는 광물이에요. 그런데 '하얀 납병'이라는 물질로 쉽게 변한다는 특징이 있답니다. 한때 불투명한 흰색 페인트와 화장품에 많이 쓰였지요. 하지만 납은 독성이 많이 강하고, 특히 아이들에게는 더욱 해로워요. 그래서 지금은 집에서 쓰는 제품들에 사용하기에는 너무 위험하다고 여겨진답니다.

15 P 인 30.97

8 셀레늄

우리 몸은 아주 적은 양의 셀레늄을 필요로 해요. 셀레늄은 견과류나 생선 같은 몇몇 음식물에 들어 있지요. 하지만 셀레늄을 너무 많이 먹으면 우리 몸에 독이 된답니다. 가벼운 중상으로는 입에서 쇠 냄새가 나거나, 열이 나거나, 머리카락이 빠지는 현상 등이 있어요. 심각할 경우, 신경이 손상되거나 장기에 문제가 생기거나 심지어 죽음에 이를 수도 있어요.

34 Se 셀레늄 78.96

슈퍼 탄소

동일한 원자를 가지고 다양한 모습으로 변신할 수 있는 원소가 있어요. 각각 독특하고 놀라운 특성을 가진 형태로 말이에요. 그게 뭘까요? 철? 칼슘? 아니에요. 바로 탄소랍니다! 탄소 원자가 어떻게 배열되느냐에 따라 가장 단단한 물질로 알려진 다이아몬드가 될 수도 있고, 흑연이나 숯처럼 무르고 가루가 날리는 물질이 될 수도 있답니다.

다이아몬드
강철보다 20배나 단단해요!

반짝반짝, 부서지지 않아요

지표면 아래 깊숙한 곳에서 열과 엄청난 압력은 탄소를 다이아몬드로 변화시켜요! 탄소 원자들이 가로세로의 격자구조로 짜여 있는 이 투명한 결정체는 자연에 있는 어떤 물질보다 더 단단해요. 다이아몬드는 화산이 폭발하는 과정에서 지표면으로 튀어나오는데, 독특한 특성 덕분에 탄소 원자로만 구성된 다른 물질들(탄소 동소체) 가운데 최고로 손꼽힌답니다. 다이아몬드는 뭐든 자를 수 있고, 섭씨 3550도의 아주 높은 온도에서 녹아요. 어떤 빛이든 모두 반사시키고, 전기를 차단하며, 극도의 물리적, 화학적, 방사능적 힘에도 잘 버텨 내는 특성이 있어요. 더구나 다이아몬드는 아름답고 반짝이는 보석이라서 사람들은 이것을 손에 넣고자 큰돈을 지불하곤 한답니다!

버키볼
엄청난 충격에도 끄떡없어요!

믿음직한 만능 선수

1985년에 '짠!' 하고 등장한 다재다능한 **버키볼**은 성공적인 과학 실험이 낳은 결과물이에요. 원래 이름은 '버크민스터풀러렌'으로, 미국의 건축가 버크민스터 풀러가 만든 건물과 닮은 모양이라서 이렇게 불린답니다. 60개의 탄소 원자가 속이 텅 빈 새장 같은 구조를 이루고 있는 버키볼은 다른 원자들을 그 속에 가두고 옮길 수 있어요. 구조가 안정적이라서 다른 화학 물질과 반응하지 않고 물에도 녹지 않아요. 가볍고도 강한 버키볼은 열은 잘 전달하지만 전기는 통하지 않고, 그 안을 지나는 빛도 멈추게 한답니다.

흑연
우주의 어마어마한 온도도 잘 견뎌요!

더 강하고, 더 단단하고, 더 가벼운 미래

원자 하나 정도의 얇은 두께에, 강철보다 300배 더 강하고, 다이아몬드보다 더 단단하며, 투명하고, 탄성이 매우 좋고, 열과 전기가 잘 통하는…… 이 슈퍼 물질은 대체 무엇일까요? 바로 그래핀이랍니다! 2004년에 발견된 그래핀은 탄소 원자가 납작한 벌집 구조를 이루고 있는 물질이에요. 과학자들 사이에서 이 구조는 가장 강력한 결합으로 알려져 있어요.

매끄럽고 부드러워요

탄소를 많이 포함한 암석이 땅속에서 부서지고 열을 받으면 '변성암'으로 바뀌고 흑연이 된답니다! 흑연의 탄소 원자들은 서로 쉽게 미끄러지는 종잇장 같은 모양을 이루고 있어요. 이런 매끄러운 성질은 흑연이 '윤활제'로써 활약할 수 있게 해 줘요. 마찰로 인해 서로 꽉 맞물린 표면을 부드럽게 풀어 주거든요. 또한 흑연은 열을 깜장히 잘 막아요. 섭씨 3000나 되는 온도도 견딜 수 있답니다. 흑연은 전 세계에서 날마다 쓰는 물질이기도 해요. 연필의 '심'이 흑연으로 되어 있거든요.

극저온의 세상

고체, 액체, 기체 상태의 물질은 수백만 도까지 온도를 높일 수 있지만, 섭씨 −273.15도 아래로는 온도를 낮출 수 없어요. 이 온도를 절대 온도 0도라고 해요. 물질들이 절대 온도에 이르면 보통 때와 같은 정상적인 움직임이 멈추고 이상한 성질을 보인답니다.

▼ 아리안 5 로켓의 연료 탱크는 알루미늄 호일로 덮여 있어요. 외부에서 발생하는 열로부터 연료를 안전하게 보호하기 위해서지요.

만나면 힘이 솟아요

유럽 우주국(ESA)에서 만든 '아리안 5'는 액체 연료를 사용하는 전형적인 액체 추진 로켓이에요. 이 로켓 안에는 섭씨 −183도 이하의 액체 산소와 섭씨 −253도 이하의 액체 수소가 각각 다른 탱크 안에 들어 있어요. 로켓을 쏘아 올릴 때, 액체 산소와 액체 수소는 '연소실' 안으로 쏟아져 들어가 엄청난 열을 발생시키며 로켓을 우주로 쏘아 올리는 '추진력'을 만들어 낸답니다.

차가운 창고

극도로 낮은 온도와 극도로 높은 온도 모두 생물의 신체 조직에 똑같은 영향을 미쳐요. 둘 다 조직을 죽이지요. 하지만 둘 사이에는 중요한 차이가 있습니다. 고온은 생물의 조직 구조를 망가뜨리지만, 극저온은 그 상태를 그대로 보존해요. 의학 연구자들은 실험 표본을 액체 질소에 넣어 보관한답니다. 천천히 얼리면 조직이 상하거든요. 섭씨 −195.74도에 이르는 액체 질소에 생물의 조직을 넣으면 세포 속에 있는 수분이 결정으로 굳어질 틈 없이 즉시 그대로 얼어 버려요. 이런 식으로 사람의 몸도 온전히 보존할 수 있다고 믿는 과학자들도 있는데, 이런 기술을 '인체 냉동 보존술'이라고 해요. 현재 100명이 넘는 사람들이 이런 식으로 냉동 보관되어 있는데, 그들 중 되살아난 사람은 아직 아무도 없답니다.

▲ 난자와 정자 세포 같은 인간의 세포들도 액체 질소 안에 넣어서 필요할 때까지 보관할 수 있어요.

▼ 한 축구 선수가 부상으로 부은 곳을 가라앉히기 위해 경기를 뛰기 전에 극저온실에 들어가 있어요.

꽁꽁 얼리는 치료법

일부 스포츠 선수들은 부상을 치료하기 위해 '극저온실'을 이용해요. 동상 방지용 양말과 장갑, 귀마개, 수영복만 갖추고 액체 질소로 온도를 섭씨 −160도로 낮춘 작은 방이나 장치 안에 들어가 최대 3분까지 머문답니다. 온도가 낮아지면 우리 몸에서는 '엔도르핀'이라는 신경 전달 물질이 나오는데, 이것은 우리 몸의 회복을 촉진시켜요. 또한 엔도르핀은 몸의 신경을 둔하게 해서 통증을 즉시 없애 주고 부은 곳을 가라앉히는 효과도 있어요.

시원한 이미지

액체 헬륨은 자기 공명 영상(MRI) 기기에 필수적인 물질이에요. 초전도성 자석을 냉각시켜 전류가 아무런 저항 없이 흐르도록 해 주거든요. 그러면 기계 안에 자기장이 형성되어 의사들이 사람의 몸속을 찍은 정확하고 자세한 이미지를 확보할 수 있게 되지요.

▼ MRI 스캐너는 자기장과 전파를 이용해 태아와 같은 우리 몸속 부드러운 조직을 영상으로 보여 주는 기계예요.

헬륨을 섭씨 −270도까지 냉각시키면 '초유동체'라는 상태가 되어 경사면을 거슬러 위쪽으로 흘러 올라가요.

냉동 치료

액체 질소는 사마귀나 점 등 피부에서 원하지 않는 조직을 제거하는 데 종종 이용된답니다. 아주 적은 양으로도 조직을 급속히 얼려 몇 초 만에 떼어 낼 수 있기 때문이지요. 이런 방법을 '냉동 치료'라고 하는데, 칼(메스)을 이용해 잘라 내는 것보다 훨씬 빠르고 피부에 흉터도 남지 않아요.

▲ 아주 가느다란 기구로 피부에 돋아난 사마귀에 액체 질소를 쏘면 그것을 얼려서 없앨 수 있어요.

압력을 받으면

압력은 파스칼(Pa)이라는 단위로 표시해요. 압력 중에서도 지구를 둘러싼 공기 무게 때문에 생기는 압력을 '대기압'이라고 하는데, 해수면을 기준으로 측정한 지구의 표준 대기압은 약 101킬로파스칼(1kPa=1000Pa)이에요. 우리는 지구의 표준 대기압 속에서 물질들이 어떤 특성을 보이고 어떻게 움직이는지 잘 알고 있어요. 그런데 그 물질들에 더 높은 압력을 가하면 갑자기 의외의 방식으로 움직이곤 한답니다.

- 1Pa — 산들바람
- 10Pa — 1달러를 올려 놓을 때
- 2kPa — 팝콘이 터질 때
- 2.6kPa — 실온에서 물이 끓을 때
- 101kPa — 해수면 근처에서 측정한 지구의 대기압
- 250kPa — 자동차 타이어의 공기 압력
- 350kPa — 주먹 한 방이 주는 충격
- 1.1mPa — 보통 사람이 깨무는 힘(1mPa=100만 Pa)
- 30mPa

30메가파스칼(mPa)
바닷속 압력

꽤 얕은 물에서 잠수를 하는 동안에도 물의 압력으로 인해 잠수부의 혈액에는 더 많은 기체가 녹아들어요. 그러다 잠수부가 너무 성급히 물 위로 나오게 되면 혈액 속에 질소 거품이 일 수 있어요. 그러면 어지럼증이나 통증을 느낄 수 있고, 심하면 '잠수병'이라는 위험한 상태에 빠질 수도 있답니다. 더 깊이 들어가면 물의 압력으로 인해 몸 전체가 으스러질 수도 있어요.

폴리스티렌은 충격에 강하고 가벼워서 1회용 컵이나 컵라면 용기 등으로 많이 사용되는 플라스틱이에요. 폴리스티렌으로 만든 이 컵은 약 3000미터 깊이까지는 모양에 별다른 변화가 없었어요. 그러나 그 아래로 내려가자마자 압력(300기압에 해당)으로 인해 찌그러지고 말았답니다.

690메가파스칼(mPa)

워터 제트 커터

충분한 압력이 더해지면 물로 콘크리트와 금속, 단단한 바위도 자를 수 있어요. '워터 제트'는 고속 전기 펌프를 이용해 최대 690메가파스칼의 압력으로 세찬 물줄기를 뿜어내는 기계예요. 워터 제트는 45센티미터 두께까지 자를 수 있고, 물줄기는 머리카락 정도의 얇기인 0.076밀리미터만큼 가늘게 쏠 수 있답니다.

▶ '워터 제트'는 소방관들이 좀 더 안전하게 일을 할 수 있도록 해 줘요. 불에 너무 가까이 가지 않고도 워터 제트로 구멍을 뚫어 그 구멍을 통해 물을 왕창 쏟아부을 수 있거든요.

- 70mPa — 총을 쏠 때 총구 안의 압력
- 110mPa — 해수면 아래 11킬로미터 깊이의 마리아나 해구 밑바닥의 압력
- 690mPa
- 2gPa

(1gPa =1000mPa =100만 kPa =10억 Pa)

2기가파스칼(gPa)

운석의 충격

5만 년 전 미국 애리조나주에 30만 톤짜리 강철 운석이 떨어졌어요. 이로 인해 커다란 분화구가 생겼는데, 그게 다가 아니었어요. 갑작스러운 충격에 따른 압력으로 주변 암석의 광물들까지 변화되었답니다.

▶ 운석 분화구는 깊이 183미터에 지름은 1200미터나 돼요.

200기가파스칼(gPa)

금속성 수소를 만들 수 있어요

과학자들은 목성의 중력이 만들어 내는 압력이 매우 높아서 수소가 금속과 비슷한 특징을 가질 거라고 생각해요. 과학자들이 실험실에서 이런 금속성 수소를 만들기 위해서는 대기압보다 200만 배 높은 압력을 가해야 하지요.

▶ 목성의 내부에 들어 있는 액체 금속은 열과 전기를 전달할 수 있어요.

- 200gPa
- 360gPa
- 4.6×10^{113} Pa — 플랑크의 압력: 빅뱅 직후 또는 블랙홀 안에서나 도달 가능한 압력이에요.

원유를 나누어 봅시다

석유의 기본 원료인 '원유'는 '검은 황금'이라고도 불러요.
수백 가지 유용한 물질이 담겨 있는 보석 같은 화학 물질이니까요.
땅속에서 막 퍼 올린 원유는 복잡한 처리 과정을 거치게 된답니다.
이 소중한 자원에서 쓸모 있는 것들을 최대한 많이 뽑아내야 하거든요.

원유 속 성분

원유는 땅속에서 만들어져요. 죽어서 땅에 묻힌 동물과 식물들의 썩고 남은 부분에서 원유가 생성되지요. 수백만 년에 걸쳐 이런 생명체들의 잔해 위에 진흙과 암석층이 쌓이면서 엄청난 열과 압력이 가해지면, 탄화수소의 혼합물인 원유가 만들어진답니다.

원유 분리하기

금속으로 된 높다란 증류탑에 원유를 넣고 가열하면 섞여 있는 것들이 제각각 분리된답니다. 이러한 과정을 '분별 증류'라고 하는데, 흔히 '정제'라고도 해요. 증류탑의 제일 위에서 분리되어 나오는 첫 번째 물질은 '액화 석유 가스(LPG)'예요. 아래로 내려가면서 차례로 등유, 난방유 등이 분리되어 나와요. 제일 아래에는 석유 왁스와 아스팔트 같은 고체 성분이 남게 되지요.

불타는 석유

원유를 퍼 올리기 위해 파 놓은 우물을 '유정'이라고 해요. 그런데 사람들의 실수나 번개 같은 자연 현상으로 인해 유정에 화재가 발생하는 경우가 있어요. 원유는 불에 잘 타는 특성이 있는데다가 유정 안에는 어마어마하게 많은 원유가 들어 있어서, 유정에 불이 붙으면 웬만한 방법으로는 끄기가 힘듭니다. 그래서 소방관들은 폭약을 터뜨려서 그 충격파로 불타는 연료를 밀어내고 아직 타지 않은 원유 주변의 산소를 날려 버려요.

메탄과 펜탄 같은 가스들과 더불어 **부탄** 가스는
주로 가스레인지의 연료로 이용돼요.

액체 **나프타**는 주로 휘발유로 전환되지만
산업용 세제로도 쓰여요.

승용차와 작은 트럭의 연료로 쓰이는 **휘발유**는 원유에서 얻는
석유 제품 가운데 제일 값비싸요.

등유를 제일 효율적으로 쓸 수 있는 엔진은 제트기의 엔진이에요.
등유는 난로의 연료로도 사용해요.

경유(디젤)는 기차와 대형 트럭의 연료로 쓰여요.
그 덕에 우리는 여기저기로 물건을 실어 나를 수 있지요.

엔진과 여러 기계들은 부품의 원활한 작동을 위해
윤활유를 얇게 발라 줘야 해요.

배들은 중유를 원료로 하는 특별한 엔진을 달고 있어요.
중유는 집에 있는 보일러에도 쓰인답니다.

아스팔트는 도로와 지붕 등을 만드는 데 쓰여요.

원유 159리터에서
약 75리터의 휘발유를
얻을 수 있어요.

전 세계 원유 매장량 톱 10

나라	배럴 (백만)
베네수엘라	297
사우디아라비아	265
이란	151
이라크	143
쿠웨이트	102
아랍에미레이트	98
러시아	79
리비아	47
카자흐스탄	40
나이지리아	37

뜨거운 이야기들

어떤 물질이 산소와 반응해 많은 열을 내는 것을 '연소'라고 해요. 이때 실제로 타는 것은 기체예요. 고체와 액체는 열을 받아서 기체 상태가 된(기화) 이후에야 불이 붙지요. 몇몇 물질들은 즉시 불꽃이 일지만, 대부분은 불이 붙도록 해 주는 요소(착화원)가 있어야 불이 난답니다.

불꽃이 팍!

불이 시작되는 데는 작은 불꽃 하나만 있으면 돼요. 옛날에는 작은 쇳조각을 부싯돌 같은 단단한 돌에 부딪혀 불꽃을 일으켰어요. 오늘날은 대부분 플라스마를 이용한 전기로 불꽃을 만들어요.

▼ 성냥은 마찰로 생기는 열을 이용해, 성냥의 머리와 성냥갑 옆에 바른 두 화학 물질 사이의 반응을 유발해요. 여기에서 발생한 불꽃이 성냥개비의 나무 막대기에 불을 붙이는 거예요.

보이지 않는 위험

엄청난 열로 인해 급속히 번지는 불을 '플래시오버'라고 해요. 보통 사방이 꽉 막힌 좁은 공간에서 작은 불이 주변의 타기 쉬운 것들로 옮겨붙기에 충분할 정도로 많은 열을 낼 때 이런 현상이 발생하지요. 이 상태에서는 공기보다 더 가벼운 기체들이 생성되고, 이 기체들은 그 공간의 위쪽으로 몰려들어요. 아래쪽에 불꽃이 있긴 하지만 산소가 충분하지 않아서 이 기체에는 아직 불이 붙지 않아요. 그러다 창문이 깨지거나 누군가 문을 열어서 그 공간에 산소가 추가되면 천장쪽에 몰려 있던 기체에 불이 붙으면서 순식간에 공간 전체가 걷잡을 수 없이 큰 불길에 휩싸이게 되지요.

▶ 소방관들은 천장을 향해 물을 쏘아 올리는 식으로 플래시오버 현상에 대처한답니다.

지구에서

▼ 철강 회사에서 일하는 사람이 아세틸렌 토치로 철판을 자르고 있어요.

불난 데에 산소 붓기

성냥불 같은 일반적인 불을 '확산 화염'이라고 불러요. 연소 작용에 필요한 산소가 공기로부터 화염 속으로 퍼지는(확산) 식으로 불이 나거든요. 불이 얼마나 뜨겁고 거세질 것인지는 산소가 얼마나 공급되느냐에 달려 있어요. 불 속으로 순수한 산소를 더 넣어 주면 훨씬 사납고 뜨거운 화염을 일으킬 수 있지요. 불이 잘 붙는 기체인 아세틸렌과 산소를 섞어서 만든 가스 토치는 섭씨 3500도 정도에 이르는 불을 내뿜는답니다. 이 불은 굉장히 뜨거워서 강철도 쉽게 자를 수 있어요.

종이가 섭씨 234도 정도까지 뜨거워지면 저절로 불이 붙어요.

자연 발화

칼륨과 인 같은 원소들은 상온에서 저절로 불이 붙는 '자연 발화'를 일으켜요. 산소와 반응하는 성질이 매우 강해서, 공기 속에 있는 산소와 반응해 불이 확 타오르는 거예요. 일상에서는 좀처럼 보기 드문 일이긴 하지만, 마른 짚더미나 거름더미에서 갑자기 불이 나는 경우도 있어요. 그 속에 있던 자연 발화 물질로 인해 불을 붙이지 않았는데도 저절로 불이 나는 거지요.

▼ 짚더미 속에 있는 세균 때문에 풀이 썩으면 그 과정에서 열이 발생하고, 그 열이 짚더미 안에 갇혀요. 짚의 온도가 불이 붙는 온도인 발화점보다 더 높아지면 자연 발화가 일어날 수 있어요.

중력 대 무중력

지구에서는 촛불이 위를 향하고 끝부분이 점점 뾰족해져요. 촛불의 노란 부분은 밝게 빛나는 아주 작은 그을음 알갱이로 이루어져 있는데, 이 알갱이들은 뜨거워지면 위로 올라가는 대류 현상에 의해 중력의 반대 방향인 위쪽을 향해요. 중력이 없는 곳(우주)에서는 촛불이 공 모양을 이루고, 그을음이 적게 생기며, 노란 부분이 더 적어요.

우주에서

빵! 터뜨려 볼까요?

부피가 크고 연기가 나는 화약은 폭탄의 한 종류예요. 화약이 터지는 순간 우리는 아주 빠른 연소 과정을 볼 수 있답니다. 최대 초속 약 400미터 속도로 연소되거든요. 19세기에 처음 개발된 폭약은 연소 과정 없이 그냥 폭발해 버려요. 폭발과 동시에 최대 초속 9000미터의 속도로 충격파를 일으키지요.

알갱이로 쪼개면 좋은 이유

화약은 어떻게 만드는 걸까요? 숯가루와 황, 질산 칼륨을 물에 섞어 걸쭉하게 만든 다음 얇은 판 모양으로 펼쳐요. 이것이 마르기 전에 판을 아주 작은 조각으로 자르는데, 이 조각들을 '그레인(알갱이)'이라고 해요. 화약을 작은 알갱이로 만들면 세 가지 이점이 생긴답니다. 알갱이의 크기가 똑같기 때문에 양을 정확히 잴 수 있지요. 그리고 알갱이를 작게 만들면 표면의 넓이가 커져서 큰 덩어리일 때보다 연소가 훨씬 빨리 일어나요. 마지막으로, 알갱이 사이의 빈틈으로 공기가 들어갈 수 있어서 알갱이 하나하나를 효과적으로 연소시킬 수 있지요.

마법의 가루

화약을 만드는 방법은 약 1000년 전 중국에서 처음 알아냈어요. 숯과 황, 질산 칼륨을 섞었더니 강력한 폭발이 일어났던 거예요. 곧이어 중국인들은 화약을 사용하는 방법도 궁리해 냈어요. 속이 빈 대나무 안에 화약을 채워 넣어서 간단한 로켓과 폭탄을 만들었답니다.

19세기에, 전쟁터에서 종종 비구름 같은 것이 생기는 모습을 본 사람들은 가뭄 기간에 비가 내리도록 하려고 화약을 터뜨려 보기도 했답니다.

로켓 발사!

불꽃놀이용 로켓은 '추진체'의 힘을 받아 하늘로 솟아올라요. 도화선이 로켓 안으로 타들어 가면서 추진체에 불이 붙으면 로켓이 하늘로 솟구치지요. 추진체가 다 타 버리면 폭약에 불이 당겨지면서 하늘에 알록달록한 별들이 흩뿌려진답니다.

▲ 국화꽃 모양의 불꽃놀이는 하늘에서 터지는 순간 동그란 모양을 이뤄요. 그러다 불꽃이 사방으로 퍼지면서 더욱 환하게 빛을 내지요.

◀ 특별히 설계한 기계 안에 훈련받은 꿀벌이 들어앉아 있어요.

냄새 맡는 꿀벌

꿀벌을 훈련시켜서 화약 같은 특정 냄새를 찾아내도록 할 수 있어요. 이렇게 훈련받은 꿀벌을 디지털카메라가 달린 작은 기계에 넣어 출동시켜요. 꿀벌이 화약 냄새를 맡으면 보상을 받으려고 주둥이를 내밀지요. 그러면 기계를 조종하는 사람에게 폭탄이 있다는 정보가 전달된답니다.

전쟁의 연기

옛날에는 대포나 머스킷 총 같은 화약을 쓰는 무기 때문에 전투가 벌어지고 몇 분 지나지 않아 적군을 알아볼 수 없을 정도로 연기가 자욱해졌습니다. 화약이 타들어 가면서 짙은 연기를 뿜어냈기 때문이지요. 수백 대의 대포와 수천 자루의 머스킷 총이 일제히 발사되면 전쟁터는 곧바로 매캐한 연기로 뒤덮였어요. 19세기 들어 이른바 '연기 없는' 화약이 발명될 때까지 이런 상황은 한동안 계속되었답니다.

▲ 머스킷 총은 한 발 한 발 쏠 때마다 짙은 연기를 뿜어내요.

빵! 터지는 생각들

인류 역사 내내 과학자들은 더 크고 대단한 폭발을 일으킬 방법과 공식을 궁리해 왔어요. 여기에는 면과 톱밥, 공기처럼 아주 평범한 물질들이 동원되곤 했지요.

거짓 주장

영국의 철학자 로저 베이컨(1214~1294)은 이따금 화약을 발명한 인물로 거론되곤 해요. 베이컨이 자신의 책에서 화약 폭발에 관한 이야기를 했고, 그런 것이 있다는 사실을 널리 알렸던 건 사실이에요. 하지만 그는 화약을 개발한 사람은 아니에요. 아마도 중앙아시아에 있는 중국인에게 화약에 대한 이야기를 듣고 그 내용을 책에 썼던 것 같아요.

로저 베이컨

크리스티안 쇤바인

부드럽지만 위험해요

독일의 화학자 크리스티안 쇤바인(1799~1868)은 면 섬유에 질산을 처리해서 화약보다 훨씬 강력한 폭약을 만들었어요. 이것이 최초의 고성능 폭약이에요. '면화약'으로 알려진 이 폭약은 대포와 총기에 넣어 추진체로 이용하기에는 지나치게 강력했답니다.

큰 폭발

1847년, 이탈리아의 화학자 아스카니오 소브레로(1812~1888)는 니트로글리세린이라는 화학 물질을 발견했다고 발표했어요. 니트로글리세린은 아주 약한 충격만 받아도 주변을 초토화시키는 위험한 폭약이랍니다. 너무 민감해서 안전하게 다루기엔 무리가 있었지요. 훗날 알프레드 노벨이 이 폭약을 좀 더 안전하게 쓸 수 있도록 만들었어요.

아스카니오 소브레로

굉장히 빠른 총알

총의 방아쇠를 당기면 총알 속에 있는 추진체에 불이 붙어요. 그러면 기체가 발생하고, 이 기체는 초속 300미터 정도의 속도로 총알을 날려 보내요. 이렇게 빠른 속도로 날아가는 총알은 엄청난 운동량과 운동 에너지를 가지고 있어요. 총알이 목표물을 맞히는 순간 이 에너지는 목표물로 전달되고, 끔찍한 결과를 낳게 되지요.

산탄총을 쏘면

산탄총의 총알 속에는 구슬 모양의 작은 금속 알갱이가 최대 500개까지 들어 있는데, 이것을 '산탄'이라고 해요. 이 산탄은 총알 안에 있는 플라스틱 컵 속에 담겨 있고, 이 컵은 가벼운 충전재로 추진체와 분리되어 있어요. 총을 발사하면 총 안의 기체가 부풀어 오르면서 총알을 밀어내요. 총열(총의 앞부분, 총알이 지나는 통로)의 끝에서 총알 안에 있던 충전재와 컵은 떨어져 나가고, 산탄이 사방으로 흩어지기 시작한답니다.

1 충전재와 산탄이 총열을 벗어나요.

2 추진체의 기체가 부풀어 오르고 주변으로 흩어져요.

3 산탄이 들어 있던 플라스틱 컵이 떨어져 나가요.

4 산탄과 충전재가 분리돼요.

느리지만 확실하게

대전차포는 적의 전차(탱크)나 장갑차를 파괴하기 위한 목적으로 만든 무기예요. 포탄을 빠르게 발사하기 위해 개발 초창기에는 포탄이 포열을 지나가는 속도를 일단 늦춰야 했답니다. 제2차 세계 대전 때 나온 sPzB 41이라는 대전차포는 포의 구멍보다 더 굵은 포탄을 사용했어요. 앞으로 길게 뻗은 포열은 포의 구멍 쪽으로 갈수록 차츰 좁아지도록 만들었고요. 포열을 따라 앞으로 나아가는 동안 포탄은 포열의 지름에 맞춰 점점 조여들면서 속도가 늦어졌지요. 덕분에 포탄 뒤에서 한껏 부풀어 오른 기체는 압력이 높아져 포탄을 훨씬 더 빠른 속도로 밀어낼 수 있었어요. 포탄이 나가는 최대 속도는 초속 1400미터에 달했답니다.

▼ 대전차포는 약 500미터 떨어져 있는 목표물도 맞출 수 있어요.

전차를 뚫어라

전차포는 금속으로 된 화살 모양의 '철갑탄'을 발사해요. 적의 전차를 감싸고 있는 30센티미터 두께의 장갑(裝甲)을 뚫기 위해서지요. 철갑탄은 가벼운 플라스틱에 싸여 있는데, 탄이 초속 1800미터의 속도로 포구를 벗어날 때 이 플라스틱 껍질은 떨어져 나간답니다.

▲ 한 군인이 적군 전차의 장갑을 뚫기 위한 철갑탄을 전차에 싣고 있어요.

▶ 방탄 유리는 두 겹의 유리 사이에 플라스틱 판을 끼워 넣은 거예요. 이렇게 하면 유리만 있을 때보다 100배 더 강해진답니다.

총알을 막아라

모든 총알을 완벽히 막아 내는 '방탄'은 불가능해요. 그래도 특정한 종류의 총알에 대해서는 보호막을 갖출 수 있답니다. 요즘에는 방탄복에 케블라와 같은 아주 강한 플라스틱을 사용해요. 케블라로 만든 방탄조끼는 권총에서 발사된 비교적 느린 속도의 총알을 막을 수 있지요. 빠르게 날아드는 총알을 막으려면 더 단단하게 만든 세라믹 판 같은 보호막이 추가로 필요해요. 총알의 운동 에너지를 주위로 퍼뜨려 약하게 만들기 위해 말랑말랑한 젤을 넣은 방탄복도 있어요.

찌릿한 힘

전기는 세상 곳곳에 동력을 제공해 주는 눈에 보이지 않는 힘이랍니다. 전자들이 전선을 따라 흐르거나 공기 사이로 점프할 때 '전류'가 발생해요. 가끔 전기가 일으키는 불꽃, 즉 스파크가 튀기도 하는데, 그건 전기의 힘 때문에 공기가 플라스마 상태로 바뀌는 현상이랍니다.

만지면 찌릿찌릿

금속을 만지면 이따금 순간적으로 전기가 통하는 찌릿한 느낌이 들 때가 있어요. 일반적으로 전기는 금속 같은 '도체'들을 타고 이동해요. 도체는 전기의 흐름, 즉 전류가 통하는 물체나 물질을 말해요. 유리와 공기 같은 '절연체'는 전기의 흐름을 막는답니다. 그런데 전기는 흐름을 막는 공기를 가로질러 두 도체 사이를 뛰어넘을 수도 있어요. 전압이 높을수록 뛰어넘을 수 있는 거리도 더 길어지지요. 전압이 높을수록 좀 더 먼 거리도 뛰어넘을 수 있답니다.

안전한 새장

영국의 과학자인 마이클 패러데이(1791~1867)는, 우리가 쇠로 된 새장처럼 전기가 통하는 물질로 망을 만들어 주변을 에워싸면 그것을 만지지 않는 한 전기로 인한 피해를 입지 않는다는 사실을 증명해 냈어요. 외부로 흘러나온 전기가 그 물질을 따라 이동하기 때문이지요. 이런 망을 '패러데이 케이지'라고 하는데, 이것은 벼락으로부터 전기 장비들을 보호하는 데 이용되고 있답니다.

▲ 정전기의 보라색 스파크가 금속으로 된 두 개의 공 사이를 가로질러 점프하고 있어요.

▶ '밴더그래프 정전 발전기'는 정전기를 이용해 높은 전압을 발생시키는 장치예요. 공 모양의 금속으로 된 부분을 만지면 몸의 털이 쭈뼛 서는데, 아주 적은 양의 전기가 밖으로 흘러나오기 때문이에요.

▲ 실험실에서 일하는 사진 속 이 사람은 200만 볼트 전압의 스파크가 튀어도 무사했답니다. 패러데이 케이지 안은 안전하니까요.

▼ 송전선을 관리하는 사람들은 안전 규칙을 철저하게 지켜야 해요.

수백만 볼트

미국의 전기공학자 니콜라 테슬라(1856~1943)가 발명한 '테슬라 코일'은 수백만 볼트에 달하는 전기 스파크를 3미터 넘게 방출할 수 있어요. 표면적을 넓히기 위해 도넛 모양으로 만든 윗부분에서는 최대 150만 볼트까지 높은 전력이 만들어져요. 테슬라 코일은 한때 무선 전송과 네온 불빛에 필요한 높은 전압을 생산하는 데 쓰였지만, 지금은 더 발전한 전자 장치가 그 자리를 대신하고 있답니다.

감전을 안 당하려면

송전선 수리 기사들은 10만 볼트 이상의 전기가 흐르는 송전선 위에서도 안전하게 작업할 수 있어요. 작업자들은 헬리콥터를 타고 송전선 위로 올라가는데, 송전선에 내리기 전에 특수한 금속 막대기로 헬리콥터를 송전선과 연결해 헬리콥터 주변으로 전기가 흐르도록 해 놓거든요. 이때부터 헬리콥터는 다른 어떤 것과도 닿으면 안 돼요. 만일 무언가 접촉하면 작업자들이 그 즉시 감전 사고를 당할 수도 있거든요. 이렇게 해 놓으면 감전의 위험 없이 송전선에 생긴 문제를 고칠 수 있답니다.

▼ 오스트레일리아의 한 발명가가 테슬라 코일을 이용해 자기 주변에 전기 스파크가 번쩍이게 하고 있어요.

머리카락도 벌떡 서는 발명

미국의 물리학자 로버트 밴더그래프(1901~1967)가 발명한 '밴더그래프 정전 발전기'는 높은 전압의 전기를 만들 수 있는 간단한 장치랍니다. 속이 텅 비어 있는 공 모양의 금속 안에서 움직이는 벨트가 정전기를 발생시켜요. 그리고 공 모양의 금속에 전기가 통하는 물질을 가져다 대면 안에 있던 전기가 방출되지요. 대형 밴더그래프 발전기는 '원자 충돌 가속기'를 작동시키는 데 필요한 고압의 전기를 생산하는 데 쓰인답니다.

위험한 방사선

불안정한 원소가 다른 원소로 붕괴될 때 위험할 정도로 많은 양의 방사선이 나온답니다. 방사선에는 크게 세 가지 종류가 있어요. 알파선과 베타선, 감마선이지요. 알파와 베타선은 원자보다 작은 입자들로 이루어져 있고 빠르게 움직여요. 감마선은 에너지가 가장 높은 빛의 형태로, 전자기파랍니다.

베타선

베타선은 안정적인 모든 입자들 중에서 크기가 가장 작은 전자들로 이루어져 있고, 광속의 약 90%에 달하는 빠른 속도로 움직여요. 베타 입자로 알려진 이 전자들은 우리 몸의 조직을 파괴할 수 있어요. 하지만 뚫고 들어오는 힘이 약해서 5밀리미터 두께의 알루미늄으로도 쉽게 막을 수 있답니다.

▶ 베타 방사선은 플라스틱 같은 물체의 두께를 조절하는 기계에 활용된답니다. 플라스틱이 너무 두꺼워지면 방사선을 더 많이 흡수하게 되는데, 이런 상황을 '가이거 계측기'가 감지해요. 그러면 롤러 사이의 간격을 좁혀서 플라스틱 두께를 일정하게 유지할 수 있어요.

느리고 무거워요

알파선을 구성하는 '알파 입자'는 베타 입자보다 약 8000배 더 크고 무거워요. 움직이는 속도도 초속 1만 6000킬로미터 정도로 베타 입자보다 훨씬 느리답니다. 알파 입자도 살아 있는 조직에 해롭기는 하지만, 크고 무겁기 때문에 피부를 뚫고 몸속으로 들어오진 못해요. 알파선은 종이 한 장으로도 막을 수 있답니다.

▶ 매일같이 방사선을 다루는 사람들은 방사선 감지기를 착용한답니다.

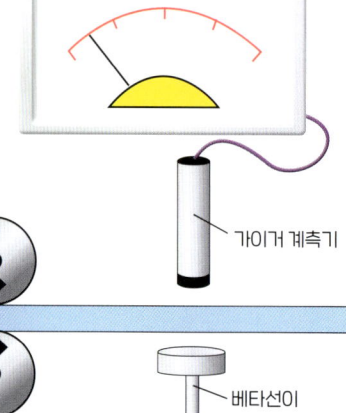

▶ 사진에 보이는 푸른 빛은 '체렌코프 방사선'이라는 것으로, 물속에서 나타나는 현상이에요. 전하를 띠는 입자들은 물속에서 광속보다 빠르게 움직이기 때문에 이런 현상이 발생하는 거예요.

▶ 항만에서 수출입 화물을 단속하는 직원이 감마선 검출기를 이용해 트럭 짐칸에 실린 화물의 생김새를 확인하고 있어요.

날카로운 빛

감마선은 물질을 쉽게 통과해요. 마치 빛이 유리를 통과하는 것처럼 말이에요. 그래서 몇 센티미터 두께의 납 같은 것으로만 막을 수 있지요. 감마선이 우리 몸을 통과해 지나가면, 그것에 실려 있는 높은 에너지로 인해 몸에 큰 피해가 남는답니다. 감마선의 양이 많을 경우, 방사선 화상을 입어 이내 목숨을 잃게 되지요. 그 양이 적더라도 암과 방사선 관련 질병으로 서서히 죽음에 이를 수 있어요.

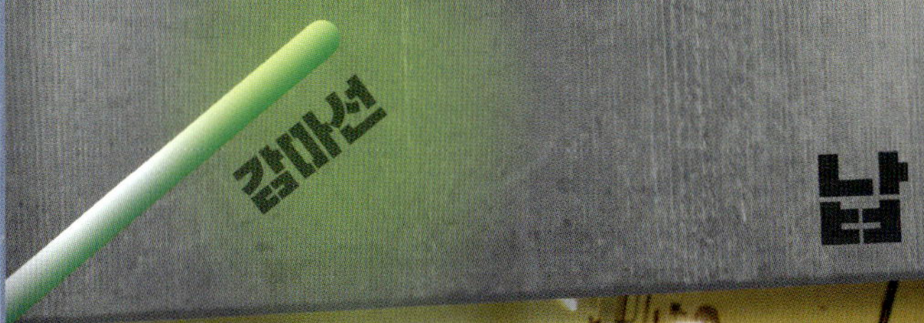

원자력 전기

원자력 발전소는 플루토늄 같은 매우 불안정한 원소가 붕괴하면서 내뿜는 에너지를 이용해 전기를 생산해요. 알파선과 베타선, 감마선은 우리 눈에 보이지 않지만, 발전소 안의 방사선 수치는 평범한 물이 푸른 빛을 띨 정도로 매우 높아요.

끔찍한 사건들

우크라이나 체르노빌, 1986년 4월

4월 25일 저녁, 체르노빌 원자력 발전소에서 일하는 기술자들이 실험을 시작했어요. 전기 공급이 끊겼을 때도 냉각기가 제대로 작동하는지 알아보려는 실험이었지요. 이 실험으로 인해 발전소 내부의 원자로가 과열되면서 연료가 폭발하고 화재가 발생했어요. 당시 원자로는 콘크리트 벽으로 단단히 봉쇄되어 있지 않았고, 결국 방사능을 띤 먼지인 '낙진'이 대기 중으로 빠져나가 바람을 타고 수백 킬로미터까지 날아갔답니다.

▼ 방사능 유출 사고가 발생하고 2년 뒤, 모과와 비슷하게 생긴 열매인 '마르멜로'의 모습이에요. 사진에서 볼 수 있듯이, 돌연변이로 인해 열매의 크기가 훨씬 커졌어요.

일본 후쿠시마, 2011년 3월

3월 11일, 쓰나미가 일본 해안을 덮치면서 후쿠시마 원자력 발전소의 냉각기가 망가졌어요. 이로 인해 핵연료가 너무 뜨거워져 불이 붙었고, 많은 양의 방사선과 방사능 물질이 대기 중으로 쏟아져 나왔어요. 발전소 주변의 방사선 수치가 치솟아 오르자, 일본 정부는 사고 지점에서 12킬로미터 이내에 이르는 지역 전체에 대피령을 내렸답니다.

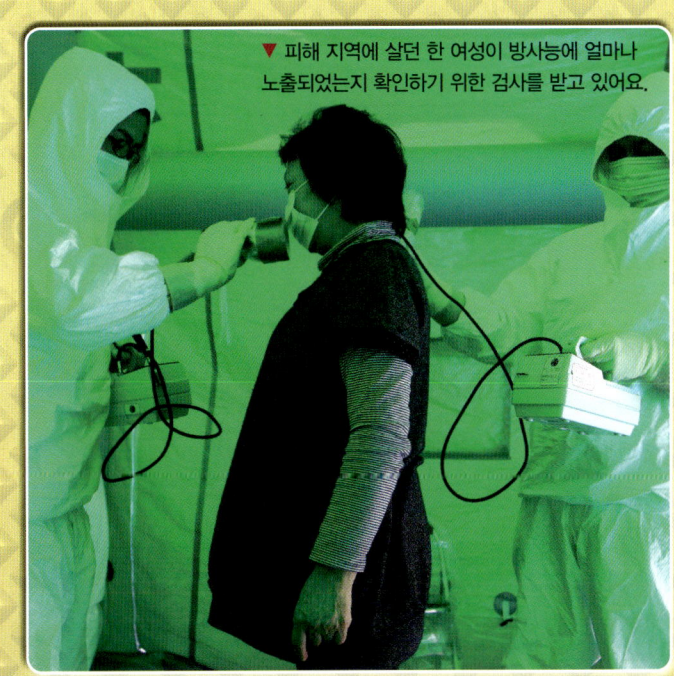

▼ 피해 지역에 살던 한 여성이 방사능에 얼마나 노출되었는지 확인하기 위한 검사를 받고 있어요.

별의 탄생

별은 가장 가벼운 두 가지 원소, 즉 수소와 헬륨 원자가 중력에 의해 뭉쳐지면서 만들어져요. 별이 태어나는 순간의 장면은 두꺼운 먼지구름에 가려 보이지 않지만, 별의 폭발을 둘러싼 굉장한 볼거리는 무엇으로도 가릴 수가 없답니다.

① 수리성운

우주는 텅 비어 있지 않아요

별들 사이의 드넓은 공간은 완전히 텅 비어 있지 않아요. 16세제곱센티미터 크기의 우주 공간 안에는 약 16개의 원자가 들어 있어요. 대부분은 수소이고, 약간의 헬륨과 다른 원소들도 아주 조금 포함되어 있지요. 이들 원자가 고르게 퍼져 있는 건 아니에요. 서로 무리를 지어 구름을 만들려는 경향이 있거든요. 이런 구름 가운데 가장 큰 것을 '거대분자운(GMC)'이라고 하는데, 여기에서 새로운 별들이 많이 탄생한답니다.

압축된 기체

거대분자운이 태양 질량의 1000배에 이를 만큼 충분히 커지면 '중력 붕괴'라는 현상이 발생해요. 분자 구름이 쪼그라들다가 끝내 산산이 부서져 버리는 것이지요. 이때 어마어마한 양의 에너지가 뿜어져 나오면서 충격파가 발생하는데, 이로 인해 부서진 구름 조각들이 짓눌리고 뜨겁게 달궈져요. 이 압력과 열이 굉장히 거셀 경우 분자 구름 조각들에서 핵융합이 시작되고, 그 한가운데가 새로운 별의 핵이 된답니다.

② 플레이아데스성단

③ 오리온성운

구름처럼 흐릿한 증거

거대분자운이 붕괴해 새로운 별들이 생겨난 뒤에, 남아 있는 잔해들은 밤하늘에서 빛을 발하는 성운이 된답니다. 새로 탄생한 별들은 우주 속으로 방사선을 내보내는데, 이 방사선을 받아 성운이 반짝이는 흐릿한 모양을 이루게 돼요. 수백만 년 뒤에는 이마저도 결국 사라지지요.

과학자들의 추측에 의하면, 우주에서 생겨날 수 있는 모든 별의 95%가 이미 탄생한 것으로 보여요.

나 여기 있어요!

젊은 별들은 서로 닮은 한 쌍의 물질들을 우주로 잽싸게 내뿜는 '제트' 현상을 통해 자신의 존재를 확실하게 알려 줘요. 새로운 별의 표면으로 내려앉은 먼지와 가스는 소용돌이를 일으키고는 별의 양극단에서 긴 줄기를 이루며 뿜어져 나가요. 이런 제트 현상으로 인해 발생하는 충격파는 초속 300킬로미터 이상의 속도로 날아가요. 이것이 주변 가스들과 충돌하면 주변이 밝게 빛난답니다.

4 모양을 만들어 가는 행성

새로운 행성

활활 불타는 새로운 별이 생겨나면, 그 중력에 의해 가스와 먼지가 몰려들어 별 주위를 회전하면서 '원시 행성계 원반'이 형성돼요. 오랜 시간 먼지와 가스는 서로 수없이 부딪치다가 덩어리로 뭉쳐지며 작은 '미행성체'를 이루고, 이것들이 모여서 결국 행성이 됩니다. 지금까지 천문학자들은 태양 주위를 도는 행성 이외에 다른 별들의 주위를 도는 1000개 이상의 행성들을 찾아냈어요.

5 항성 제트

6 보크 구상체

구상체

20세기에 미국의 천문학자 바트 보크 (1906~1983)가 발견한 '보크 구상체'는 짙은 먼지와 가스로 이루어진 어두운 성운이에요. 이 성운 안에는 빛을 막아 버릴 정도로 먼지와 가스가 빽빽하게 들어차 있답니다. 천문학자들은 보크 구상체 안에서 강력한 중력에 의해 가스와 먼지가 수축하면 새로운 별들이 탄생할 수 있다고 믿고 있어요.

극한의 우주

지구보다 2배나 큰 우주 폭풍, 충돌하는 은하들, 활활 불타며 탄생하는 별 등 우주에서는 별별 기상천외한 일들이 벌어진답니다. 우주에 대해 알면 알수록 우리가 얼마나 작은 존재인지 더욱 실감할 수 있을 거예요.

빅뱅 이론	116
은하 전시회	118
은하수	120
별이 태어나요	122
별이 죽어가요	124
우주를 들여다보는 눈	126
우주 탐구	128
태양계 밖 행성	130
지글지글 끓는 태양	132
태양계	134
바위 덩어리	136
지구의 위성	138
화성의 생명체	140
거대 가스 행성	142
가지각색 위성들	144
우주 속 꼬마들	146
극한의 세계로	148

◀ 오리온성운은 지구에서 제일 가까운 성운들 중 하나예요. 크기는 약 30광년에 달하고, 태양에서 발견되는 물질보다 2000배 더 많은 물질들을 가지고 있답니다.

빅뱅

이론

우주는 상상이 불가능할 정도로 커요. 우리가 알고 있는 모든 물질과 에너지가 우주에 있고, 과학자들은 계속해서 우주에 대해 더 많은 것을 알아가고 있지요. '빅뱅 이론'은 우주가 어떻게 시작되어 오늘날의 크기로 급속히 부풀었는지 잘 알려 준답니다.

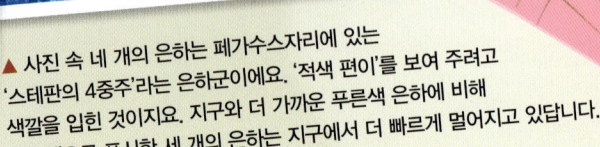

▲ 사진 속 네 개의 은하는 페가수스자리에 있는 '스테판의 4중주'라는 은하군이에요. '적색 편이'를 보여 주려고 색깔을 입힌 것이지요. 지구와 더 가까운 푸른색 은하에 비해 붉은색으로 표시한 세 개의 은하는 지구에서 더 빠르게 멀어지고 있답니다.

우주가 팽창한다는 것을 어떻게 알았을까요?

멀리 떨어져 있는 은하들이 지구에서 더 멀어지면, 거기서 나오는 빛의 파장이 길게 늘어지면서 붉은빛을 띠게 된답니다. 이런 현상을 '적색 편이'라고 하는데, 오스트리아의 수학자 크리스티안 도플러가 1842년에 처음 발견했어요. 이후 미국의 천문학자 에드윈 허블은 은하의 '적색 편이'가 지구와의 거리에 비례한다는 것을 알아냈어요. 은하가 더 멀리 떨어져 있을수록 적색 편이가 더 커지고 지구에서 더 빠르게 멀어지고 있다는 것이지요. 적색 편이가 굉장히 크다는 것은 지구에서 제일 멀리 떨어져 있는 천체들이 광속에 맞먹는 놀라운 속도로 지구에서 빠르게 멀어지고 있다는 의미랍니다.

우주는 '특이점'이라는 아주 작은 점에서 엄청난 에너지를 뿜어내며 시작되었답니다.

도대체 우주는 어디에서 왔을까?

빅뱅이 남긴 자국을 찾아서

우주 탐사선은 빅뱅이 남긴 흐릿한 빛들을 모아 지도를 만들고 있어요. 빅뱅 이후 남아 있는 에너지의 메아리를 '우주 배경 복사'라고 해요. 한마디로, 과거 빅뱅 직후 뜨거웠던 우주로부터 온 빛이라고 할 수 있지요. 우주 배경 복사는 지금도 여전히 찾아낼 수 있어요. 이 에너지의 잔물결이 오늘날 우리가 보는 별과 은하로 이어졌거든요. 우주 배경 복사 탐사선(COBE)은 1990년대 초 이 지도를 처음 그려 냈어요. 2010년에는 플랑크 인공위성이 아주 상세한 지도를 완성했답니다.

과학자들은 태초에 우주가 원자 하나보다 더 작았을 거라고 생각해요. 약 138억 년 전, 이 특이점이 사방으로 이 작은 점을 '특이점'이라고 한답니다. 폭발해 초고온의 불덩이가 되었어요. 이 대폭발을 '빅뱅'이라고 하지요. 이렇게 생겨난 우주가 부풀어 오르면서 온도가 낮아지고, 에너지의 일부가 뭉쳐 물질을 이루는 최초의 입자들이 생겨나기 시작했답니다.

다중 우주

몇 년 전만 해도 빅뱅이 모든 것의 시작이라고 여겼어요. 시간, 공간, 에너지, 물질 등 모든 게 빅뱅에서 비롯되었다고 생각했지요. 현재 과학자들은 새로운 주장을 펴고 있는데, 그게 맞다면 빅뱅은 모든 것의 시작이 아닐 수도 있어요. 여러 개의 우주 가운데 빅뱅은 그저 우리가 속한 하나의 우주의 시작이었을 뿐이라는 것이지요. 여러 개의 우주가 있다는 이런 가설을 '다중우주론'이라고 해요. 하지만 아직 증명되지는 않았습니다.

메가 코믹스
우주는 딱 하나 뿐일까?

우리는 여기에 있어요.

우리 우주는 어쩌면 수많은 우주들 중 하나일 수도 있어요!

▼ 사진의 이 지도는 플랑크 인공위성이 만든 거예요. 38만 년 전 우주가 남겨 놓은 복사열을 추적해 정리한 것이지요.

▲ '아벨 2744'라는 성단은 지구에서 350만 광년 떨어져 있어요. 따라서 우리가 보고 있는 건 350만 년 전의 모습인 셈이지요.

과학자들은 얼마나 먼 곳까지 볼 수 있을까요?

오늘날 과학자들은 망원경을 이용해 시간을 거슬러 올라가 아주 멀리에 있는 은하를 볼 수 있답니다. 어떤 은하가 지구에서 100만 광년 떨어져 있다면, 거기에서 나온 빛은 100만 년이 지나야 지구에 도착할 수 있어요. 즉 우리가 지금 보고 있는 건 100만 년 전의 빛이라는 의미이지요! 천문학자들은 130억 년 된 은하와 120억 년 된 가스 구름을 찾아냈어요. 이렇게 멀리 떨어진 것들의 나이를 어떻게 알 수 있었을까요? 거기서 나오는 빛을 분석해 적색 편이를 계산해 보면 그 나이를 알 수 있답니다.

4번 전시실 : 입장료 무료

은하 전시회

별들은 '은하'라는 거대한 집단에 속해서 우주를 여행해요. 우주에는 수십억 개의 은하가 있고, 은하 하나하나에는 별들이 수십억 개 포함되어 있답니다. 은하는 그야말로 엄청나게 크고 서로 멀리 떨어져 있어서 은하 사이의 거리와 은하의 크기는 빛이 1년간 이동하는 거리인 광년이라는 단위로 나타내요.

나선 은하

타원 은하

불규칙 은하

세 가지 모양

은하는 모양에 따라 크게 세 가지 종류로 나뉘어요. 은하들의 약 4분의 3은 나선 은하에 속해요. 한가운데 '허브'라는 중심이 있고, 길게 곡선을 그리며 휘어지는 '팔'이 있지요. 그중에서도 중앙이 막대 모양인 경우는 '막대 나선 은하'라고 한답니다. 다음으로 흔한 은하는 타원 은하예요. 동그라미나 타원 모양의 은하로, 그 안에 새로운 별은 거의 없어요. 불규칙 은하는 일정한 모양이 없고, 주로 두 은하가 부딪쳐서 만들어진답니다.

안드로메다은하

우리 이웃

우주에서 가장 큰 은하 가운데 하나가 '안드로메다'라는 나선 은하랍니다. 지구에서 약 250만 광년이나 떨어져 있지만, 워낙 커서 망원경 없이 맨눈으로도 볼 수 있지요. 안드로메다 주위에는 아주 작은 은하 수십 개가 있는데, 이것들은 이상한 방식으로 줄을 지어 있어요. 하지만 과학자들도 왜 그런지 아직 확실히 모른답니다.

허블 울트라 딥 필드(허블 망원경이 촬영한 제일 유명한 사진 중 하나)

은하가 우글우글

2004년에 '허블 우주 망원경'은 우주의 아주 작은 일부를 촬영했어요. 거기에는 우리가 알고 있던 가장 멀리 떨어진 은하들 1만 개가 포함되어 있었지요. 이를 바탕으로 과학자들은 우주에 5000억 개 정도의 은하가 있을 거라는 연구 결과를 내놓았답니다. 이 은하들에서 나온 빛은 우주를 가로질러 약 130억 년 후에야 지구에 도달하게 되지요.

독수리성운

별이 태어나는 구름

성운은 가스와 먼지로 이루어진 거대한 구름으로, 은하들 사이에 퍼져 있어요. 이 구름은 밝게 빛을 내는데, 그 이유는 온도가 높거나, 아니면 근처의 별들이 빛을 비추기 때문이에요. '암흑 성운'이라는 것도 있는데, 이 성운들은 먼지로 이루어져 있어요. 먼지들이 뒤에서 오는 별들의 빛을 가로막아 어둡게 보이죠. 성운 안에는 새로운 별이 생겨나는 데 필요한 모든 원소가 들어 있답니다. 그래서 어떤 성운들은 새로운 별들이 태어나는 '산부인과' 같은 역할을 하기도 해요. 일례로 75광년 크기의 독수리성운 안에는 별이 탄생하는 곳이 여러 군데 있어요.

> 자료에 따라 약간의 차이가 있지만, 지금까지 알려진 성운의 수는 7000개가 넘어요.

부딪치는 중입니다

간혹 두 은하가 서로 부딪치는 경우도 있어요. 이때 은하들이 서로를 통과해 움직이는 동안 그 충돌에 따른 에너지로 인해 가스와 별들이 물줄기처럼 우주로 세차게 뿜어져 나간답니다. 때로는 두 은하가 뭉쳐서 새로운 은하를 형성하기도 해요. 우리은하도 안드로메다은하와 충돌하는 경로에 있어요. 하지만 이런 일은 40억 년 이후에야 일어날 거예요. 더듬이은하는 수십억 년 전 두 은하가 강하게 부딪쳐서 형성된 은하예요. 이때 양쪽 은하에서 각각 튀어나온 별들이 그 사이에서 휘어진 활 모양을 이루게 되었지요. 이것이 더듬이(안테나) 모양이라 이런 이름이 붙여졌고요.

더듬이(안테나)은하

> 1광년은 약 9조 5000억 킬로미터에 해당해요.

은하수

밤하늘에서 우리가 보는 별들은 우리은하, 즉 '은하수'에 속해 있어요. 막대 나선 은하에 해당하는 우리은하는 지름 10만 광년에, 두께는 1000~7000광년 정도랍니다. 가스와 먼지로 이루어진 구름들 안에는 1000억 개가 넘는 별들이 있어요.

어떤 모양일까요?

지구에서 보면 은하수는 하늘을 가로지르는 뿌연 띠처럼 보여요. 이 말인즉, 은하수는 납작한 원반 모양의 은하라는 의미지요. 이런 모양의 다른 모든 은하가 나선 은하에 해당하기에, 과학자들은 은하수가 나선 은하라는 결론을 내렸답니다.

▲ 은하수 중심부에서 뻗어 나와 휘어지는 커다란 팔 부분에 지구가 놓여 있어요.

계란프라이

옆에서 보면 은하수는 가운데만 볼록 튀어나온 납작한 원반처럼 생겼어요. 계란프라이 두 개를 등지어 붙여 놓은 모양이라고도 말해요. 볼록한 부분에는 늙은 별들이 있고, 납작한 원반에는 더 젊은 별들이 있답니다. 그리고 어두운 구름이 원반 중앙을 일렬로 가로지르는 모양새를 하고 있어요. 태양은 은하수의 볼록한 부분, 중앙에서 바깥으로 3분의 2 지점에 자리를 잡고 있어요.

▲ 은하가 회전하면 가운데에 별들이 모여 큰 공을 이루고 주변은 원반처럼 납작해져요.

함께 갑시다

은하수(왼쪽)와 안드로메다(오른쪽)는 '국부 은하군'이라는 무리에 속해 우주를 여행하고 있어요. 중력에 의해 서로 묶여 있는 이 은하군에는 50개가 넘는 은하들이 포함되어 있답니다. 은하군보다 더 큰 은하들의 집단을 '은하단'이라고 해요. 일례로 '머리털자리 은하단'에는 1000개 이상의 은하들이 있지요. 은하단보다 더 큰 집단을 '초은하단'이라고 하는데, 국부 은하군과 100개의 다른 은하 집단들이 모여 '처녀자리 초은하단'을 구성해요. 우주 전체에는 수백만 개의 초은하단이 있답니다.

◀ 국부 은하군의 크기는 약 1000만 광년에 달해요.

▲ 은하수의 원반 부분이 하늘 전체에 펼쳐져 있어요. 이 사진은 영국 잉글랜드의 도싯주에서 촬영한 것이랍니다.

빠른 충격

별들이 빠르게 움직이면, 별에서 떨어져 나온 작은 알갱이들이 별들 사이에 떠다니는 먼지와 가스에 부딪히곤 해요. 별의 이동 속도가 굉장히 빠를 경우, 가스와 먼지에 매우 강하게 충돌하면서 빛이 발생하지요. 이런 식으로 생기는 긴 줄 모양의 밝은 빛을 '활모양 충격파'라고 해요. 활모양 충격파는 별 주변에 나타나고 적외선 파장에서 제일 또렷하게 보인답니다.

▼ 푸른빛이 도는 흰색 별 '카파 카시오페이아'가 붉은색 활모양 가스로 이루어진 충격파에 둘러싸여 있어요.

별이 잔뜩 태어나요

밤하늘에서 반짝이는 별들을 향해서는 사실 엄청 뜨거운 가스로 이루어진 거대한 공이라고 할 수 있어요. 그 가운데는 딱딱한 에너지를 뿜어내는 원자로가 있고요. 우주에서 가장 거대한 별들은 광활한 힘을 갖고 있어요. 크기도 우리 지구의 행성인 태양보다 무려 1500배 이상 더 크다니까요!

▼ 태양 중심 깊은 곳에 도달하는 데 걸리는 시간은 15000년 이상 걸려요.

대류층
복사층
핵
광구

성단

과학자들은 별이 무리를 지어 생겨난다는 것을 잘 알고 있어요. 갓 태어난 별들이 서로 가까이 붙어 있는 모습을 볼 수 있거든요. 이렇게 몰려 있는 별들의 집단을 '성단'이라고 해요. 이렇게 한 성단에는 100만 개에 있었거든요. 거대한 성단들에는 별들을 '성단'이라고 해요. 별들이 모여 있지요. 이 별들은 이들은 별들이 서로 가까이 유지하기도 하고 수십억 년 동안 서로 멀어지기도 한답니다. 어떤 별들은 서로 너무 가까이 있어서 나머지 하나의 중심 주위를 일정한 주기로 공전하기도 하는데, 이런 두 개의 별을 '쌍성'이라고 해요.

▼ 지구에서 가장 가까운 별채이이데스성단이에요.

▶ 해파르코스 인공위성은 4년 동안 우주에 머물면서 11만 8000개에 이르는 별의 위치를 측정했어요.

얼마나 멀까요?

별이요. 별(행성)과 별(행성) 사이의 거리는 아마어마하게 멀어요. 태양 다음으로 프록시마켄타우리도 지구에서 4광년이나 떨어져 있지요. 수백 년에 걸쳐 전문학자들은 수많은 별의 위치를 더 정확하게 측정하려고 애써 왔어요. 이러한 힘든 일을 측성학이라고 한답니다. 해파르코스 위성은 측성학의 정확도를 높이기 위해 만들어진 첫 인공위성이에요.

어떻게 빛을 낼까요?

별(행성)의 중심부는 온도와 압력이 광장히 높아요. 이로 인해 수소이 핵이 뭉쳐서 헬륨을 이루게 되지요. 이 과정에서 엄청난 에너지가 발생하는데, 이 에너지가 별의 중심에서 표면으로 올라와 별이 빛을 내는 거예요. 그리고 이 에너지는 곧 우주로 방출된답니다.

뜨거운 별들 색깔

파란빛을 내는 별은 별들 중에서 제일 뜨겁답니다. 표면 온도가 섭씨 2만 2000도를 넘지요. 파란빛이 감도는 하얀색 별도도 만만치 않게 뜨거워요. 오리온자리에 있는 '리겔'이라는 별도 온도가 1만 2000도예요. 주황빛이 도는 붉은색 별은 온도가 가장 낮아서 섭씨 1700도 정도 된다고 해요. 오리온자리에 위치한 붉은 별 베텔게우스의 표면 온도는 섭씨 3000도 정도랍니다.

▲ 별에서 나오는 빛의 색깔로 전문가들은 그 별의 온도를 알 수 있어요.

별의 유형	표면 온도
O	24,730°C 이상
B	10,730–24,730°C
A	7,225–10,730°C
F	5,725–7,225°C
G	4,725–5,725°C
K	3,225–4,725°C
M	3,225°C 이하

예쁜 무늬

수천 년 동안 사람들은 별들이 그려 내는 일정한 모양을 보고 부분들을 구분했어요. 그리고 신화나 전설 속 존재의 이름을 따서 별들이 만든 모양에 이름을 붙였는데, 이것을 '별자리'라고 해요. 지역 문화에 따라 별자리 이름도 달랐답니다. 북두칠성이 포함되어 있는 '큰곰자리'를 옛사람들은 황소로 다리처럼 보였고 고대 이집트 사람들에게는 전설 속 앵무새처럼 보였지요. 마야인들에게는 국자처럼 인식된 887개의 별자리를 오늘날에는 공통으로 사용해요. 세계 공통으로 사용해요.

▶ 별자리는 크기도 다양해요. 제일 작은 것은 '남십자자리'이고 가장 큰 건 '큰곰자리'랍니다.

북반구

오리온자리, 시자자리, 게자리, 쌍둥이자리, 큰곰자리, 북극성, 목동자리, 작은곰자리, 처녀자리, 헤라클레스자리, 페르세우스자리, 왕관자리, 안드로메다자리, 카시오페이아자리, 거문고자리, 페가수스자리, 세페우스자리, 백조자리

별 만들기

1. 초신성 폭발로 인해 가스와 먼지, 얼음으로 이루어진 거대한 구름이 이루어진 내려요.
2. 구름을 구성하던 것들이 주변에 들어와서 빙글빙글 돌기 시작해요.
3. 빙글빙글 돌던 것들이 원반 모양을 이루어요.
4. 원반의 중앙부에서 별(항성)이 생겨나고, 그 주변에서는 행성들이 만들어져요.

▲ 첫 번째 별은 빅뱅 이후 1억 년 뒤에 생겨났어요.

별이 죽어가요

별은 늘 그 자리에서 변하지 않을 것처럼 보이지만, 영원히 계속되지는 않아요. 한시도 쉬지 않고 열심히 열과 빛을 내면서 연료를 계속 사용하거든요. 이 연료가 완전히 바닥나면 별들은 죽음을 맞이하고, 이로 인해 우주에는 굉장한 폭발이 일어나게 된답니다.

1. 적색 거성

별이 연료를 다 써 버리면, 원래 크기보다 몇백 배 부풀어 올라 '적색 거성'이 됩니다. 별의 제일 바깥 부분이 팽창하면서 식어 버리고 별은 붉은색을 띠게 되지요. 약 50억 년 뒤에는 태양도 적색 거성이 되어 수성과 금성을 집어삼킬 거예요. 가장 큰 적색 거성을 '적색 초거성'이라고 하는데, 이것은 태양보다 최대 1500배나 더 크답니다.

▼ 적색 거성은 중심에 있는 수소를 모두 다 써 버린 별들이에요.

먼 훗날 태양이 적색 거성이 되면 지금보다 최대 200배 더 커질 거예요.

2. 백색 왜성

적색 거성의 핵은 결국 껍질층을 붙잡는 힘을 잃어 버려요. 별의 껍질을 이루던 물질들은 별에서 떨어져 나가 둥둥 떠다니다가, 별 주변을 감싸는 가스층을 이루게 되지요. 이것을 '행성상 성운'이라고 해요. 그 가운데에는 원래 별의 작은 조각만 남게 되는데, 이것을 '백색 왜성'이라고 한답니다. 백색 왜성은 수명을 이어갈 정도의 충분한 열을 만들지 못해요. 그래서 서서히 식어 가다가 마침내 죽음을 맞이하게 되지요.

▲ 고리 모양의 거대한 '행성상 성운'이 죽어가는 별을 에워싸고 있어요.

3. 초신성

무거운 별들은 엄청난 폭발과 함께 생을 마감한답니다. 이것을 '초신성'이라고 해요. 별의 핵이 너무 빠르게 붕괴되어 바깥층을 한 방에 폭파해 날려 버리는 것이지요. 이때 가스가 사방으로 거세게 뿜어져 나가면서 별 주변을 자욱하게 감싸요. 그리고 한가운데에는 아주 작고 뜨거운 별이 남게 된답니다. 초신성은 은하계 전체에서 내는 빛보다 더 밝은 빛을 낼 수도 있어요. 이 빛은 차츰 흐려지다가 몇 주 뒤 완전히 사라져 버린답니다.

4. 중성자별

초신성 폭발 이후 남아 있던 핵은 붕괴되어 밀도가 아주 높은 천체가 되는데, 이것을 '중성자별'이라고 해요. 보통 중성자별은 태양보다 더 무겁지만, 밀도가 굉장히 높아서 크기는 태양의 6만 분의 1밖에 되지 않아요! 보잉 747 비행기를 중성자별의 밀도만큼 꽉 압축한다면, 모래알 하나 정도의 크기로 줄어들 거예요.

▲ '퀘이사'는 우주에서 가장 밝은 천체로, 블랙홀이 주변 물질을 집어삼키는 에너지에 의해 만들어져요.

▼ 초신성이 우주 속 사방으로 가스를 뿜어내고 있어요.

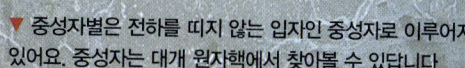
▼ 중성자별은 전하를 띠지 않는 입자인 중성자로 이루어져 있어요. 중성자는 대개 원자핵에서 찾아볼 수 있답니다.

5. 블랙홀

무거운 별들 중 어떤 별은 중성자별 단계를 거치지 않고 계속해서 붕괴를 이어가다가 '블랙홀'이 되기도 한답니다. 블랙홀이 있는 곳은 강한 중력과 함께 밀도가 엄청나서 그 무엇도, 심지어 빛조차도 빠져나올 수 없어요. 주변의 별과 성운도 빨아들이지요. 대부분의 은하 중심부에는 초대형 블랙홀이 있어요. 우리은하인 은하수의 중앙에도 블랙홀이 있는데, 태양의 430만 배에 이를 정도로 거대하답니다.

우주를 들여다보는 눈

별과 은하가 내보내는 에너지 중 일부는 지구의 대기에 가로막혀 땅에 있는 망원경까지 닿을 수 없답니다. 이런 에너지들을 연구하기 위해 과학자들은 망원경과 여러 장치를 우주로 쏘아 올려요. 이 장비들은 계속 작동하면서 10년 또는 더 긴 시간 동안 우주에 머물게 되지요.

스펙트럼 연구

전자기파를 파장의 길이에 따라 분류해 배열한 것을 '전자기파 스펙트럼'이라고 해요. 이 스펙트럼을 구성하는 대부분의 전자기파는 지구의 대기를 뚫지 못해요. 혹시 뚫는다 해도 대기에 의해 휘어져 버리지요. 가시광선과 일부 라디오파(전파)는 땅까지 도달할 수 있어요. 그러나 감마선, X선, 대부분의 자외선과 적외선, 파장이 긴 전파는 우주에 띄워 놓은 장비로만 관측할 수 있답니다.

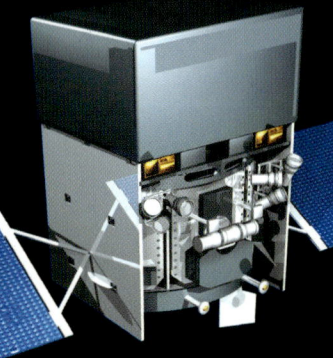

▲ '페르미'는 우주에서 감마선을 감지하는 망원경을 실은 인공위성이에요.

▼ '찬드라'는 우주의 가장 뜨거운 부분에서 나오는 X선을 관측하기 위한 천체 망원경이에요.

고에너지 탐지기

'페르미 감마선 우주 망원경'은 2008년 우주에 띄워졌어요. 높은 에너지를 가진 방사선을 연구하기 위해 쏘아 올린 것이지요. 이런 방사선들은 거대한 블랙홀과 펄사 같은 천체들로부터 나온답니다. 펄사는 빙글빙글 돌면서 에너지의 줄기를 내보내는 중성자별을 말해요. 페르미 망원경을 통해 새로운 펄사를 찾아냈고, '감마선 폭발'이라는 고에너지 폭발 현상도 확인할 수 있었답니다. 이 망원경은 우주에서 최대 10년간 작동할 수 있도록 만들어졌어요.

X선을 찾아서

'찬드라 X선 우주 망원경'은 1999년부터 우주에서 X선을 찾아 왔답니다. 14미터 길이의 찬드라 망원경은 우주 왕복선에서 발사된 가장 큰 관측 위성이에요. 찬드라는 블랙홀과 펄사에서 나오는 X선을 찾아냈고, 전에는 전혀 몰랐던 새로운 별도 발견했어요. 찬드라가 관측하는 몇몇 천체들은 너무나 멀리 떨어져 있어서, 거기에서 나오는 빛과 X선이 태양계에 도착하려면 100억 년이나 걸릴 정도랍니다.

전자기 에너지

감마선   X선   자외선

빅 4

미국 항공 우주국(NASA)은 '위대한 관측 프로그램'을 추진해, 1990부터 2003년까지 총 4대의 고성능 우주 망원경을 우주로 쏘아 올렸답니다. 이들 망원경은 제각각 전자기파 스펙트럼의 다른 영역을 맡아 우주를 관측했어요. 1990년에 처음으로 쏘아 올린 '허블 우주 망원경'은 주로 가시광선을 관측해요. 이 망원경은 1994년에 '슈메이커-레비 9'라는 혜성이 목성과 충돌하는 순간을 잡아내는 등 여러 중요한 발견을 이루어 냈답니다. 뒤이어 '콤프턴 감마선 우주 망원경'과 '찬드라 X선 우주 망원경'이 차례로 우주에 띄워졌어요. 가장 나중에 발사된 '스피처 우주 망원경'은 주로 적외선 파장을 담당했답니다.

허셜이 찾아낸 것들

2009년에 유럽 우주국(ESA)은 '허셜 우주 망원경'을 우주로 쏘아 올렸어요. 이 망원경은 별의 탄생 과정과 은하의 진화에 관한 중요한 발견을 해 냈답니다. 또한 젊은 별 주위에 수증기가 굉장히 많다는 것도 알아냈는데, 수천 개의 바다를 채울 수 있을 정도로 엄청난 양이었어요. 이를 바탕으로 과학자들은 우주에 물로 뒤덮인 행성이 많을 수도 있다는 생각을 하게 되었지요. 허셜 망원경의 활동은 2013년에 끝났어요. 망원경을 냉각시켜 줄 액체 헬륨이 바닥나고 말았거든요.

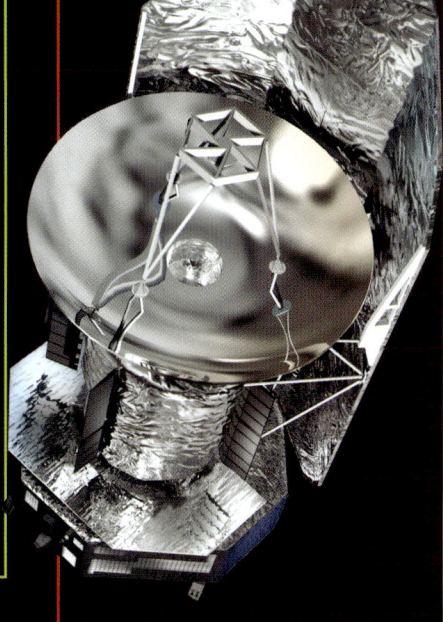

▲ 무게 3300킬로그램의 '허셜 우주 망원경'은 우주에서 가장 춥고 먼지가 많은 천체들을 관측하기 위해 만든 거예요.

▼ '스피처 적외선 우주 망원경'은 극히 낮은 온도에서 제대로 작동해요. 그래서 액체 헬륨을 이용해 섭씨 -267도까지 냉각시켜야 했지요.

▼ 1990년부터 우주를 관측 중인 '허블 우주 망원경'은 별과 은하들을 찍은 굉장한 사진을 지구로 보내오고 있어요.

새로운 우주 망원경

'제임스 웹'은 허블 망원경의 뒤를 잇기 위해 설계된 우주 망원경으로, 2021년 12월에 우주로 날아갔어요. 이 망원경은 주로 적외선 파장 영역을 맡아 빅뱅과 태양계의 진화 등 우주의 역사를 탐색하는 작업을 하고 있어요.

▲ 제임스 웹 우주 망원경은 지금 생겨나고 있는 새로운 행성계를 찾아다니고 있어요.

가시광선 | **적외선** | **마이크로파** | **라디오파 (전파)**

우주 탐구

우주는 너무나 크고 넓어서 우주선으로 가기에는 대부분의 천체가 너무 멀리 떨어져 있어요. 그래서 과학자들은 고성능 망원경을 이용해 은하와 행성을 비롯한 우주 공간의 천체들을 관측, 탐사하고 있답니다. 세계에서 가장 큰 초대형 망원경들은 세세한 부분까지 잘 잡아낸 자세한 이미지를 제공해 준답니다.

별 연구

20세기까지만 해도 천문학자들은 별과 은하가 보내오는 빛만 연구할 수 있었어요. 하지만 빛은 별과 은하가 방출하는 많은 전자기파 가운데 일부일 뿐이에요. 지금은 전파, X선, 자외선, 적외선 같은 여러 파장의 별을 관측해서 별과 은하, 우주 속에서 어떤 일이 일어나고 있는지에 대한 더 많은 정보를 얻고 있답니다.

감마선을 잡아라

고에너지 입체 시스템(HESS) 망원경은 기발한 방법으로 감마선을 찾고 있어요. 지구의 대기는 우주에서 날아오는 감마선을 가로막지만, 대기로 파고든 감마선이 대기 속 원자들과 부딪치면 '체렌코프 방사선'이라는 푸른빛이 번쩍여요. 아프리카 나미비아에 있는 HESS 망원경 다섯 대는 서로 다른 각도로 우주를 바라보면서 이 빛을 잡아낸답니다.

▼ HESS 망원경 다섯 대는 은하수에서 날아온 수많은 새로운 감마선을 찾아냈어요.

더 높은 천문대

지구의 대기는 별빛을 굴절시켜 별이 반짝이는 것처럼 보이게 해요. 그런 까닭에 광학 망원경으로는 선명한 이미지를 얻기 힘들지요. 이 문제를 해결하는 한 가지 방법은 대기보다 높은 곳에 광학 망원경을 설치하는 거예요. 하와이의 W.M. 켁 천문대가 바로 그런 경우예요. W.M. 켁 천문대가 있는 마우나케아산 정상은 밤하늘이 깜깜하고 습도가 낮으며 고도가 높아서 천체 망원경을 설치하기에 딱 좋은 곳이랍니다.

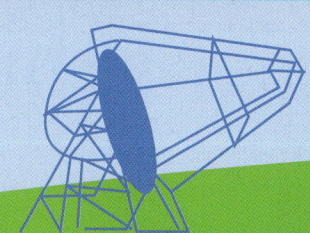

전자기 에너지

감마선   X선   자외선

◀ 사진의 주황색 부분은 은하 양쪽에 퍼져 있는 뜨거운 가스 구름이에요. 이 구름은 보통의 망원경으로는 볼 수 없어요. 전파 망원경을 이용해야 보인답니다.

SKA 만들기

'스퀘어킬로미터 어레이(SKA)'는 세계에서 가장 큰 우주 전파 망원경이 될 예정이에요. 일정한 규모의 지역에 작은 안테나들을 수천 대 설치해 전파 신호를 잡을 계획인데, 이 안테나들의 면적을 다 합치면 1제곱킬로미터에 이르지요. 그래서 이름이 제곱킬로미터를 뜻하는 '스퀘어킬로미터'가 된 거예요. 30여 년 전 계획된 이 프로젝트는 2022년 12월 마침내 첫 삽을 떴답니다.

CARMA

'밀리미터파 천문학 연구 연합(CARMA)'은 망원경을 여러 대 설치해 우주의 차가운 가스와 먼지에서 나오는 전파를 관측하는 시설이에요. 23대의 망원경에서 모은 정보를 모두 합치면 자세한 이미지들을 얻을 수 있지요. 이 망원경들은 미국 캘리포니아주 인요 산맥의 2200미터 높이에 설치되어 있어요. 고도가 높아서 공기가 적고 건조해 우주로부터 오는 전파를 받기에 완벽한 곳이지요.

▼ CARMA 망원경들은 새로운 별이 생겨나는 다른 은하의 가스와 먼지 구름을 관측하고 있어요.

▼ 마우나케아산 꼭대기에는 천체 망원경 수십 대가 설치되어 있어요.

▼ SKA는 호주와 남아프리카 공화국에 건설되고 있어요.

가시광선   적외선   마이크로파   라디오파 (전파)

태양계 밖 행성

아주 오랫동안 천문학자들은 우주에 있는 다른 별들도 태양계의 태양처럼 나름의 행성을 거느리고 있을 거라고 믿어 왔어요. 하지만 증명할 수는 없었지요. 그러다 1992년에 드디어 처음으로 태양계 바깥에 있는 행성, 즉 '외계 행성'을 찾아냈어요. 그 뒤로 지금까지 수천 개의 외계 행성이 발견되었답니다.

케플러 22b

케플러 62e

슈퍼지구

처음으로 발견한 외계 행성은 목성보다 컸어요. 기술이 발전하면서 더 작은 외계 행성을 찾아낼 수 있게 되었지요. 지구보다 크지만 거대 가스 행성보다는 작은 외계 행성을 '슈퍼지구'라고 해요. '게자리-55e'는 2004년에 최초로 찾아낸 슈퍼지구로, 태양과 비슷한 별 주위를 돌고 있었어요. 2011년에 발견한 '케플러-22b'라는 슈퍼지구는 지구보다 크고 해왕성보다는 작아요.

생명체가 살 수 있는 세상

생명체가 살 수 있을 것으로 보이는 행성들이 점점 늘어나고 있어요. 그중에는 최근에 발견한 '케플러-62e'라는 행성도 있지요. '골디락스 행성'이라고 부르는 이런 행성들은 '생명체 거주 가능 구역' 또는 '골디락스 존'이라는 영역 안쪽에 놓여 있어요. 골디락스 존은 태양 같은 항성에서 너무 멀지도, 너무 가깝지도 않아서 생명체가 살기에 적당한 온도를 갖춘 영역을 말해요. 과학자들은 우리은하 안에 태양과 비슷한 별이 400억 개 있으며, 지구 크기의 행성은 88억 개 정도 있을 거라고 추정해요. 이런 행성들 중에는 생명체를 품을 수 있는 곳이 있을지도 몰라요. 먼 미래에는 지구인들이 그곳으로 옮겨갈 수도 있을 테고요.

행성을 뒤쫓는 탐사선

지금까지 발견된 많은 외계 행성들이 '케플러'라는 이름을 달고 있어요. 그 행성들을 찾아낸 탐사선의 이름이 '케플러'이기 때문이지요. 행성의 이름에 붙는 숫자는 그 행성이 속해 있는 별을 나타내요. 그 뒤에 붙는 영문글자는 행성을 구별하기 위한 것이고요. 예를 들어 '케플러-22b'는 케플러-22라는 별의 주위를 공전하는 두 번째 행성이라는 뜻이랍니다. 케플러 우주선은 10만 개가 넘는 별을 동시에 관찰하면서, 별의 밝기 변화를 추적해 새로운 행성을 찾아냈어요.

▶ 케플러 탐사선은 2009년부터 별을 쫓으며 지구와 유사한 행성을 찾아다녔어요. 케플러의 임무는 2018년 10월에 종료되었답니다.

살기에는 너무 뜨거워요!

2011년, 태양 같은 별(항성) 주위를 공전하고 있는 지구 크기의 외계 행성이 발견되었어요. '케플러-20e'이라는 이름의 이 행성은 지구보다 약간 작아요. 그런데 이 행성은 항성과의 거리가 너무 가까워서 액체 상태의 물이 존재할 가능성은 없어요. 같은 항성계에 있는 다른 행성인 '케플러-20f'는, 항성에서 조금 더 멀리 떨어져 그 주위를 돌고 있지만, 액체 상태의 물이 존재하기에는 표면 온도가 지나치게 높아요.

살짝만 달라져도 다 알지!

케플러 탐사선은 별(항성)의 주위를 도는 행성들이 그 별에 미치는 영향을 탐지하는 방법으로 외계 행성들을 찾아냈어요. 행성이 별 앞을 지나가면 별의 밝기가 약간 줄어들어요. 케플러는 이런 변화를 측정해 행성을 발견할 수 있었답니다.

▼ 행성이 별 앞을 지나가면 별의 밝기가 겨우 0.01퍼센트 어두워진답니다.

별을 찾습니다!
지구지킬 태양

태양은 지구에서 가장 가까운 별(항성)이고, 생명체가 살아가기에 알맞은 빛과 온기를 전해 줘요. 노랗게 작은 원반처럼 보이는 태양은 사실 굉장한 온도의 기체(플라스마 상태)로 이루어진 거대한 공이랍니다. 태양 표면에서는 자기 폭풍과 에너지의 폭발이 맹렬히 이어지고 있어요.

드기만 해도 더워지는 사진들

1. 젊은 섭씨 1000만 도 이상에서 방사선을 방출해요. 이로 인해 태양의 표면에서는 '태양 플레어'라는 폭발 현상이 발생해요.

2. 햇볕은 방사선을 방출해요. 이 방사선은 태양의 '채층'에서 어떤 일이 일어나는지 알려 주지요. 채층은 태양의 대기 중 최하층으로, 표면 아래 2000킬로미터 정도까지를 말해요.

3. 이 자외선 이미지는 태양의 채층과 코로나(태양의 바깥쪽 대기)의 활동을 보여 줘요.

4. 젊어 온도가 섭씨 60만 도일 때 나오는 방사선은 '코로나'라는 태양의 바깥쪽 대기가 어떻게 움직이는지 알려 줘요.

5. 태양의 자기 지도도 자기장의 자세한 모습을 보여 줘요.

6. 섭씨 600만 도일 때 태양에서 나오는 방사선은 태양 플라스마가 코로나에 어떤 영향을 미치는지 보여 줘요.

7. 태양의 가시광선을 찍은 사진은 태양의 '흑구'를 보여 줘요. '흑구'는 우리가 볼 수 있는 태양의 표면이랍니다.

8. 이것은 '도플러그램'이라는 태양 지도예요. 태양의 가스가 표면에서 올라왔다가 다시 가라앉는 모습을 보여 주지요.

9. 젊어 온도가 섭씨 250만 도에 이르면 코로나의 자기 활동이 나타나요.

10. 섭씨 2000만 도일 때 해에서 나오는 방사선은 코로나의 뜨거운 부분을 알려 줘요.

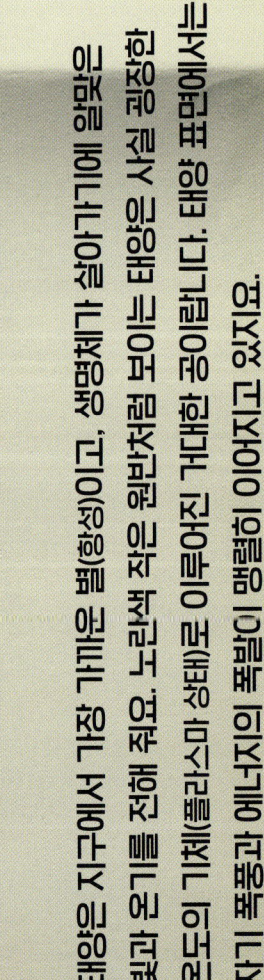
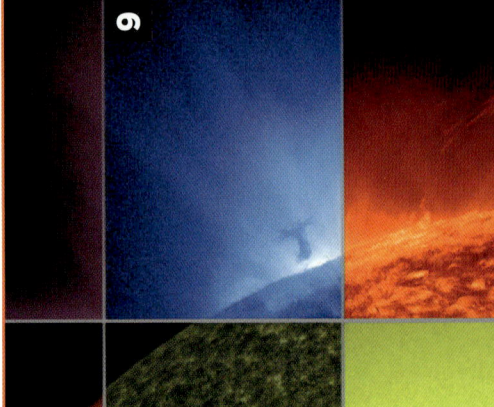

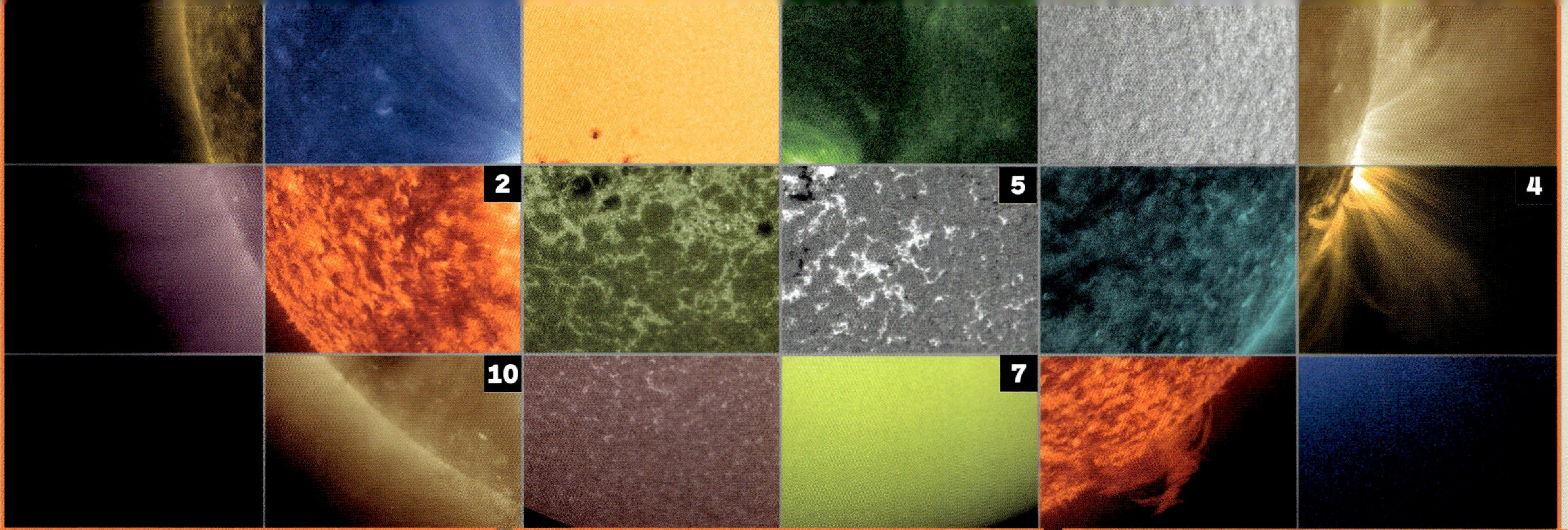

불룩 솟아오른 홍염

태양의 표면에는 돌돌 말린 긴 혀를 날름거려요. 이것을 우리말로 '홍염'이라고 하고, 영어로는 프로미넌스라고 해요. 홍염은 대개 하루 사이에 만들어지고 몇 주간 그대로 유지된답니다. 지금까지 기록된 가장 큰 홍염은 길이가 80만 킬로미터였어요. 대개 홍염을 일으키는 가스는 태양으로 되돌아가지만, 이따금 우주로 날아가 버리기도 해요. 어쩌면 지구에 떨어질 수도 있고요.

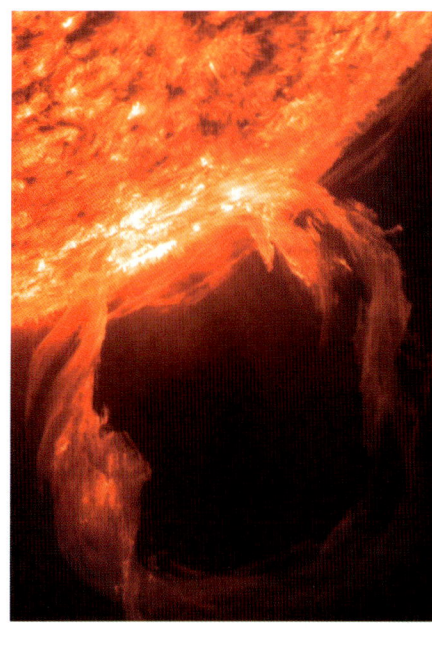

▶ 홍염은 온도가 약간 낮아진 수소 기체로, 태양의 자기장이 고리 모양을 이루게 만든답니다.

점박이 태양

태양 표면에는 '흑점'이라고 불리는 검은 점들이 종종 나타나요. 이 흑점들은 1~2주간 계속되다가 사라지지요. 흑점이 생기는 이유는 특정 부분의 자기장이 아주 강해서 가스가 표면으로 솟아오르는 것을 막기 때문이에요. 그곳이 태양의 다른 부분보다 온도가 낮기 때문에 검게 보이는 것이지요. 태양의 흑점은 11년 간격으로 많아졌다 적어졌다 한답니다.

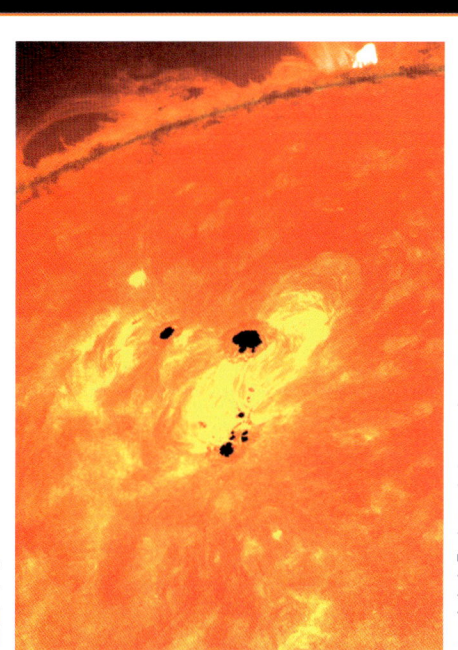

▶ 태양의 흑점 중 가장 큰 것은 지구보다 6배나 커요.

밤하늘의 밝은 빛

지구의 북극과 남극 근처에서는 희미하게 일렁이는 '오로라'라는 빛을 자주 볼 수 있어요. 오로라가 생기는 이유는 '태양풍' 때문이랍니다. 태양풍은 태양으로부터 작은 입자들이 초대 초속 800킬로미터의 속도로 지구로 날아드는 현상을 말해요. 이 입자들이 북극이나 남극의 대기로 들어와 기체 원자들과 충돌하면 빛이 발생하면서 오로라 현상이 나타나게 되지요.

▶ 북극에서 발생하는 오로라를 '북극광'이라고 하고, 남극 부근에서 발생하는 것을 '남극광'이라고 해요.

태양계

태양계는 태양과 그 주위를 둘러싸고 있는 모든 것들, 그러니까 행성과 소행성까지 모두 아우르는 개념이에요. 지름이 약 4광년에 이르며 행성과 달, 기타 천체들로 구성된 이 드넓은 구조는 중력에 의해 묶여 있답니다.

지구 – 지금껏 발견한 우주의 천체들 중에서 생명체가 살고 있는 유일한 행성이에요.

화성 – 이 붉은 행성의 이름은 로마 신화에 나오는 전쟁의 신 '마르스'에서 이름을 따온 거예요.

천왕성 – 현대에 접어든 시기에 망원경을 이용해 처음 발견한 행성이에요.

태양 – 태양계 중심에 있는 초고온의 별이에요.

도돌이표 여행

태양계의 행성들은 태양이 제자리에서 도는 방향과 같은 방향으로 타원을 그리면서 태양 주위를 돌아요. 이렇게 다른 천체를 중심으로 일정한 '궤도'를 도는 것을 '공전'이라고 해요. 또한 이 행성들은 태양과 같은 방향으로 제자리를 빙글빙글 도는 '자전'도 하고 있어요. 단, 금성과 천왕성은 예외랍니다. 금성은 다른 행성들과 반대 방향으로 자전하고, 천왕성은 옆으로 누운 모습으로 돌아요. 이 둘만 자전하는 모습이 다른 이유는 아마도 이 행성이 생겨날 때 다른 천체들과 유난히 세게 부딪혔기 때문인 것으로 보여요.

천문단위

지구는 태양으로부터 약 1억 5000킬로미터 떨어져서 태양 주위를 돌고 있어요. 지구와 태양 사이의 이 거리를 1천문단위(AU)라고 해요. 태양계 제일 바깥쪽에 있는 해왕성은 태양에서 30천문단위 떨어진 거리에서 태양 주위를 돌고 있지요. 태양의 중력은 굉장히 강해서, 2광년, 즉 12만 6000천문단위나 떨어져 있는 것들에도 영향을 미칠 수 있답니다.

▶ 태양에서 가까운 행성 네 개는 크기가 작고 바위 덩어리라고 볼 수 있어요. 태양에서 제일 멀리 있는 행성 네 개는 거대한 기체 덩어리고요.

수성-태양계에서 제일 안쪽에 있는 행성이자 가장 작은 행성이에요.

목성-태양계에서 가장 큰 행성이에요. 태양계를 구성하는 네 개의 거대한 가스 행성 가운데 태양과 제일 가까운 첫 번째 행성이지요.

금성-태양에서 두 번째로 떨어져 있고, 지구와 가장 가까운 행성이에요.

토성-태양계에서 두 번째로 큰 행성이에요. 커다란 고리에 둘러싸여 있는 행성으로 유명하지요.

해왕성-태양계에서 여덟 번째 자리에 있는 행성이에요. 태양에서 가장 멀리 떨어져 있답니다.

태양계의 발견들

1610년 이탈리아의 천문학자 갈릴레오 갈릴레이가 목성 주위에 있는 가장 큰 네 개의 달(위성)을 찾아냈어요. 이것을 '갈릴레이 위성'이라고 해요. 갈릴레이는 토성의 고리도 발견했지만, 그것이 정확히 무엇인지는 알지 못했답니다.

1655년 프랑스의 천문학자 조반니 도메니코 카시니가 목성에서 타원형의 커다란 붉은 점을 발견했어요. 이것은 목성 표면에서 일어나는 소용돌이 태풍으로 '대적점'이라고 해요. 네덜란드의 천문학자 크리스티안 하위헌스는 토성의 제일 큰 위성 '타이탄'을 찾아냈어요.

1781년 영국의 천문학자 윌리엄 허셜이 천왕성을 찾아냈어요.

1846년 프랑스의 천문학자 위르뱅 장 르베리에와 독일의 천문학자 요한 고트프리트 갈레가 해왕성을 발견했어요.

1930년 미국의 천문학자 클라이드 톰보가 명왕성을 찾아내 태양계의 아홉 번째 행성으로 이름을 올렸어요.

1958년 인공위성 익스플로러 1호가 전하를 띤 입자들이 지구를 둘러싸고 있는 모습을 발견했어요. 이것을 '밴앨런대'라고 불러요.

1972년 미국의 화성 탐사선 '매리너 9호'가 화성에서 메마른 강바닥과 태양계 최대 화산인 올림푸스몬스 화산, 거대한 골짜기를 찾아냈어요.

1992년 해왕성 바깥쪽에서 얼음으로 이루어진 천체들을 발견했어요. 이것들이 모여 있는 곳을 '카이퍼 벨트'라고 해요.

2005년 왜행성(행성보다 작고 소행성보다는 큰 행성) '에리스'가 발견되었어요. 카시니-하위헌스 탐사선이 토성의 위성인 타이탄에 도착해 그 표면을 찍은 최초의 사진을 보내왔어요.

떠돌이별

수천 년 동안 사람들은 태양계를 연구해 왔어요. 망원경이 발명되기 전까지 천문학자들은 지구, 수성, 금성, 화성, 목성, 토성, 이렇게 여섯 개의 행성만 볼 수 있었답니다. 행성을 가리키는 영어단어 'planet'은 '떠돌이별'을 뜻하는 그리스어에서 가져온 거예요. 당시 사람들의 눈에는 이 행성들이 하늘을 가로질러 떠돌아다니는 것으로 보였거든요.

'바위 덩어리'

태양에서 제일 가까운 네 개의 행성은 바위로 이루어져 있고, 철로 된 핵을 가지고 있어요. 이 행성들의 안쪽은 규산염 광물과 금속으로 구성되어 있는데, 지구의 내부도 바로 이런 구조로 되어 있지요. 그래서 이들을 '지구형 행성'이라고 부른답니다.

온실 속 세상

지구보다 약간 작은 금성은 이산화 탄소와 황산으로 이루어진 두터운 대기에 가려져 있어요. 이 대기는 태양에서 오는 열을 가둬 두기 때문에 금성은 태양계에서 가장 뜨겁답니다. 금성의 표면은 수백 개의 화산으로 덮여 있고 표면의 압력은 지구보다 92배나 커요. 지구에서도 해가 뜨기 바로 전이나 일몰 직후 태양 근처에 있는 금성을 볼 수 있어요. 그래서 금성을 '아침별(모닝 스타)' 또는 '저녁별(이브닝 스타)'이라고 부르기도 한답니다.

아주 뜨거운 바위

수성은 태양과 가장 가깝지만, 태양계에서 제일 뜨거운 행성은 아니에요. 대기층을 이루는 공기가 별로 없어서 태양열을 고스란히 가둬 둘 수 없거든요. 수성은 태양계에서 가장 작은 행성으로, 표면은 먼지가 자욱하고 분화구로 뒤덮여 있답니다. 한쪽 면은 태양에 달궈져 뜨거운 반면, 반대쪽은 꽁꽁 얼어붙어 있지요. 이런 까닭에 수성은 밤낮의 기온 차가 가장 크답니다. 밤에는 기온이 섭씨 –173도까지 떨어지고 낮에는 427도까지 올라가요.

수성
지름 : 4876킬로미터
태양으로부터의 거리 : 5800만 킬로미터
한 바퀴 자전하는 시간 : 59일
태양 주위를 한 바퀴 공전하는 시간 : 88일
평균 온도 : 섭씨 167도
위성 : 0개

금성
지름 : 1만 2104킬로미터
태양으로부터의 거리 : 1억 800만 킬로미터
한 바퀴 자전하는 시간 : 243일
태양 주위를 한 바퀴 공전하는 시간 : 225일
평균 온도 : 섭씨 464도
위성 : 0개

우리집 행성

지구는 가장 큰 지구형 행성이에요. 표면에 액체 상태의 물이 있는 행성은 여태껏 지구밖에 찾아내지 못했어요. 물과 태양의 온기, 산소가 풍부한 대기는 생명체가 살아가는 데 최적의 환경이지요. 지구의 표면은 바위로 된 얇은 껍데기층인 지각으로 되어 있고, 그 아래에는 맨틀이라는 또 다른 바위층이 있어요. 맨틀 아래, 지구의 중심부에는 고체로 된 핵이 있고, 액체 상태의 철이 그 주변을 감싸고 있답니다.

붉은 행성

화성은 크기가 지구의 반 정도이고, 이산화 탄소로 이루어진 옅은 대기에 둘러싸여 있어요. 옛날에는 강과 바다가 있었지만, 지금은 모두 사라져 버렸지요. 물은 아마도 얇은 대기층으로 증발해 버린 걸로 보여요. 현재 화성에는 양쪽 극 지역과 땅 아래에 얼음 상태로만 물이 남아 있어요. 화성이 붉은빛을 띠는 이유는 산화 철 때문인데, 철에 녹이 슬면 붉은색으로 보이는 것과 같은 현상이랍니다.

화성
지름 : 6779킬로미터
태양으로부터의 거리 : 2억 2800만 킬로미터
한 바퀴 자전하는 시간 : 24.6시간
태양 주위를 한 바퀴 공전하는 시간 : 687일
평균 온도 : 섭씨 -65도
위성 : 2개

지구
지름 : 1만 2742킬로미터
태양으로부터의 거리 : 1억 5000만 킬로미터
한 바퀴 자전하는 시간 : 23.9시간
태양 주위를 한 바퀴 공전하는 시간 : 365.2일
평균 온도 : 섭씨 15도
위성 : 1개

금성의 태양 통과

금성은 지구보다 태양과 더 가까워요. 이따금 금성은 태양과 지구 사이를 통과해 지나가기도 합니다. 멀리 떨어진 이 행성이 밝게 빛나는 원반 모양의 태양 앞을 지나갈 때면 검은색 작은 점처럼 보여요. 수백 년 전 과학자들은 금성의 이런 움직임을 보고 태양계의 크기를 계산하기도 했지요. 금성이 태양 앞을 가로질러 가는 모습을 보였던 가장 최근은 2012년 6월이었고, 2117년까지는 그 모습을 다시 볼 수 없을 거예요.

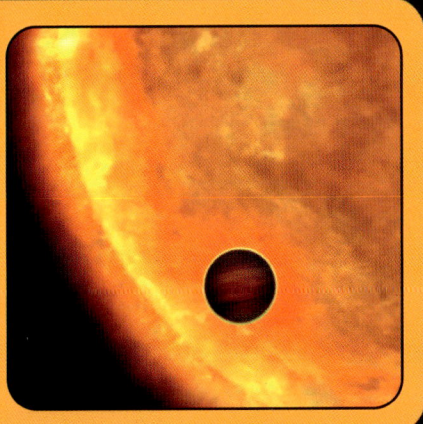

지구의 위성

밤하늘에서 독보적인 존재감을 뽐내는 달은 지구와 함께 우주를 여행하며 27일에 한 바퀴씩 지구 주위를 돌아요. 우주에 있는 천체들 중 인간이 땅에 발을 내디딘 것은 지구 이외에 달밖에 없어요. 그렇지만 우리는 아직도 달에 대해 모르는 게 많답니다.

▼ 지구와 충돌한 원시 행성은 '테이아'에요. 그리스 신화 속 여신에게서 따온 이름이지요. 당시의 충돌로 이 행성은 완전히 박살나고 말았답니다.

쾅! 펑!

달은 어떻게 생겨났을까요? 아주 먼 옛날 지구가 화성 크기의 원시 행성과 부딪쳤을 때, 지구에 있던 물질이 외부로 떨어져 나가면서 만들어진 것으로 보여요. 그때 우주로 날아간 돌덩이들이 지구 주위를 돌다가 서로 뭉쳐서 마침내 달이 된 것이지요. 원시 행성들과 지구가 충돌한 일은 약 45억 년 전에 발생했어요. 지구 역사상 지구가 가장 큰 충격을 받았던 사건이랍니다.

▼ 달이 태양을 완전히 가리는 '개기 일식' 현상이 나타나는 동안 우리는 태양의 대기를 볼 수 있답니다.

놀라운 일식과 월식

달은 지구 주위를 공전하고, 지구는 태양 주위를 공전해요. 그러는 사이 간혹 달과 지구와 태양이 일렬로 배치되는 경우가 있어요. 달이 지구와 태양 사이를 통과해 지나가면 '일식'이라는 현상이 나타나요. 달이 태양의 일부나 전체를 가려서 고리 모양의 빛만 보이게 되지요. 한편, 지구가 태양과 달 사이를 지나갈 때는 '월식'이라는 현상이 나타난답니다. 이때는 태양에서 오는 빛이 지구의 둘레 밖으로 삐져나가서 달이 빨갛게 보여요.

▼ 훗날 달에 건설될 기지는 태양 방사선을 피하기 위해 달의 토양과 분화구 또는 깊은 동굴을 이용하게 될 거예요.

잘가요, 달님!

달은 1년마다 3.78센티미터씩 지구에서 멀어지고 있어요. 달이 처음 생겨났을 때는 지구와 불과 2만 2500킬로미터 떨어져 있었고, 지구의 하루는 다섯 시간밖에 안 되었어요. 달이 멀어지면서 지구의 자전 속도가 차츰 느려졌고, 하루가 지금처럼 24시간으로 길어진 거예요. 달은 현재 지구와 38만 4400킬로미터 떨어져 있답니다.

달 식민지

달에 기지를 건설하는 일은 수십 년 동안 공상 과학 소설의 단골 소재로 쓰였어요. 그런데 지금은 진짜로 달에 우주인을 보내는 문제에 대해 여러 나라들에서 이야기가 오가고 있답니다. 1972년에 아폴로 우주선의 마지막 달 탐사가 끝난 이래로 다시 사람을 달에 보내려는 것이지요. 달에 가는 사람들은 달의 표면이 아니라 우주 탐사선이 여태 발견한 커다란 터널과 동굴들에 보금자리를 마련할 수 있을 거예요. 달 표면 아래에서 생활하면 태양에서 오는 위험한 방사선을 피할 수 있을 테니까요. 달에 건설될 기지는 달의 토양과 분화구 또는 깊은 동굴을 이용해 태양 방사선을 피하게 될 거예요.

▲ 지구와 달 사이의 거리는 아폴로 우주선을 타고 달에 갔던 사람들이 달에 설치한 반사경에 레이저를 쏴서 측정한답니다.

▼ 슈퍼문은 평소의 달보다 15퍼센트 더 크고 20퍼센트 더 밝아요.

달에도 물이 있을까?

몇몇 과학자들은 달에도 물이 있을 수 있다고 생각해요. 달의 극 지역 근처, 분화구로 인해 늘 그늘져 있는 곳에 얼음 상태의 물이 존재할지도 모른다는 것이지요. 2009년에 인도의 찬드라얀 1호 탐사선은 달의 북극 근처에서 40개가 넘는 어두운 분화구들을 찾아냈어요. 같은 해에 미국 나사의 LCROSS 탐사선은 달 표면에 로켓을 충돌시켜서 그 충격으로 솟아오른 물질들을 조사했어요. 그 결과 물이 있다는 증거를 찾아냈답니다.

▼ LCROSS 우주 탐사선은 로켓을 쏴서 달에 충돌시키고 물을 찾기 위해 그 뒤를 따라가요.

굉장히 큰 달

'슈퍼문'은 지구를 중심으로 타원 궤도를 도는 달이 지구에 가까이 다가왔을 때 일어나는 현상이에요. 보름달 기간에 달이 지구와 더 가까워지면 달은 더 크고 밝게 보인답니다. 초승달일 때에도 그런 일이 있을 수 있지만, 달은 그림자에 가려 보이지 않아요.

메가 스튜디오 제공

화성의 생명체

화성은 태양계에서 지구와 가장 비슷한 행성이에요. 그래서 화성에 생명체가 있는지 없는지가 늘 화성 탐사의 주요 관심사였어요. 하지만 처음으로 우주선이 화성을 찾아갔을 때 건조하고 먼지가 자욱한 풍경이 펼쳐져 있었고, 생명체의 실마리는 찾아볼 수 없었답니다. 과학자들은 여기에서 포기하지 않았고, 생명체를 찾아보려는 노력은 지금도 여전히 계속되고 있어요.

매리너 9호는 다른 행성의 궤도에 올라 행성을 도는 최초의 인공위성이었어요.

꼭 보세요!
★★★★★

화성의 우주인

우주선에 사람을 태워 화성에 보내려는 계획은 1950년대부터 있었지만, 아직까지는 이 붉은 행성에 발을 디뎌 본 적이 없답니다. 그러나 러시아와 미국, 중국, 그리고 우주 비행 관련 회사들이 2040년 이전에 화성에 우주인을 보낸다는 계획을 발표했어요. 화성으로 가는 우주여행은 굉장히 힘들 거예요. 지구를 떠나 2~3년은 걸려야 화성에 도착할 수 있을 테니까요.

매서운 날씨

화성은 지구보다 대기층이 얇기 때문에 더 추워요. 밤에는 극 지역의 온도가 섭씨 -125도까지 뚝 떨어지지요. 화성 탐사차가 적도 근처에서 확인한 온도는 섭씨 30도가 넘고요. 겨울에는 극 지역의 빙하로 덮인 산봉우리 근처에서 눈보라가 몰아치고, 여름에는 먼지 폭풍이 일곤 한답니다.

▲ 화성 표면에서 일고 있는 이 먼지 폭풍 사진은 '화성 정찰 위성'이 2006년에 찍은 거예요.

메가 스튜디오, 붉은 행성 제공 데이비드 존스 필름 "화성의 생명체" 출연 허버트 윌스, 맨프레이드 스타이너 각본 감독 데이비드 존스

화성 테라포밍

다른 행성을 지구처럼 만드는 것을 '테라포밍'이라고 해요. 몇몇 과학자들은 화성을 '테라포밍'해서 사람이 우주복을 입지 않고도 살아갈 수 있는 행성으로 만들 수 있다고 생각해요. 극 지역의 빙하를 녹여 이산화 탄소를 발생시키거나, 지구에서 암모니아와 메탄을 가져가 화성의 대기를 더 두껍고 따뜻하게 만들 수 있다는 거예요. 그러면 녹색 식물이 자랄 수 있고, 식물의 광합성 작용으로 산소가 더 많아질 거라는 얘기지요.

▼ 먼 훗날 화성 테라포밍에 성공한다면, 화성은 물과 녹색 식물 덕분에 지구처럼 보일 거예요.

바위 속에 생명체가?

1996년에 과학자들은 한때 화성에 생명체가 살았다는 증거를 운석 속에서 발견했다고 발표했어요. 'ALH 84001'이라는 이름의 이 운석은 1984년에 남극 대륙에서 찾아낸 것으로, 그 안에는 아주 작은 화석들이 들어 있었어요. 그러나 다른 과학자들은 그 화석이 생명체와는 아무런 관련이 없다고 주장했어요. 이 화석을 두고 여러 검사가 진행되었지만 하나의 결론을 내리지는 못했답니다.

▼ 'ALH 84001'이라는 운석은 화성에서 날아온 것으로 여겨지는데, 그 속에는 벌레와 비슷한 구조물이 들어 있었어요. 어쩌면 한때 화성에 살았던 박테리아가 화석이 된 것일지도 몰라요.

생명체를 찾아서

1971년에 화성 탐사선 매리너 9호가 화성 궤도에 오르는 데 성공했어요. 그 이후로 화성 궤도를 도는 우주선과 착륙선, 탐사차들이 화성에서 생명체의 실마리를 찾아다니고 있어요. 이 붉은 행성에는 한때 생명체가 살았을 수 있거든요. 과거에는 더 따뜻하고 습했으니까요. 하지만 과거에 살았던 생명체의 흔적이나 현재 생명체가 살고 있다는 증거는 아직 찾아내지 못했답니다.

▼ 화성 탐사차인 '큐리오시티'는 2012년 8월부터 화성을 돌아다니고 있어요. 큐리오시티의 임무 가운데 하나는 착륙한 곳이 과거에 생명체가 살 수 있는 곳이었는지 확인하는 거예요.

거대 가스 행성

화성 너머에는 목성부터 시작해 거대한 행성 네 개가 있는데, 이것들을 '목성형 행성'이라고 한답니다. 이들 행성은 거의 전체가 가스로 이루어져 있고, 바위들로 구성된 핵은 액체에 둘러싸여 있어요. 단단한 표면이 없어서 우주인들은 발을 디딜 수 없겠지만, 이들을 좀 더 자세히 알아보기 위해 우주선을 보내고 있지요.

거인 중의 거인

목성은 태양계에서 가장 큰 행성이에요. 태양계에 있는 모든 행성의 질량을 합한 것보다 목성이 2.5배 더 무겁답니다. 이 행성은 주로 수소와 헬륨으로 이루어져 있는데, 이 원소들은 별(항성)을 구성하는 물질이에요. 그러니 목성이 지금보다 70배 더 무거웠다면, 행성이 아니라 태양 같은 별이었을 거예요. 목성의 대기 아래에는 기체가 굉장히 높은 압력을 받아 액체 상태로 바뀌어 있어요. 그 안으로 더 들어가 보면 이 액체가 마치 금속 같은 특징을 보이지요. 한가운데까지 가 보면 바위로 된 단단한 핵이 있답니다.

목성
지름 : 13만 9822킬로미터
태양으로부터의 거리 : 7억 7900만 킬로미터
한 바퀴 자전하는 시간 : 9.9시간
태양 주위를 한 바퀴 공전하는 시간 : 11.9년
평균 온도 : 섭씨 −110도
위성 : 92개

목성 표면에 보이는 거대한 붉은 반점은 허리케인과 비슷한 폭풍이에요. 이 폭풍의 크기는 지구의 2.5배에 달해요.

가장 멀리 있는 행성

태양계 제일 바깥쪽에는 있는 해왕성은 천왕성과 화학적 구성 성분이 비슷해요. 이 행성이 파란빛을 내는 이유는 대기 속에 있는 메탄 가스 때문이에요. 대기층에서는 이따금 지구 크기의 어두운 태풍이 나타나곤 하는데, 몇 년 뒤에는 사라진답니다. 해왕성에서는 태양계에서 가장 빠른 바람을 볼 수 있어요. 바람의 최대 풍속이 무려 시간당 2400킬로미터에 달하지요.

해왕성
지름 : 4만 9243킬로미터
태양으로부터의 거리 : 44억 9500만 킬로미터
한 바퀴 자전하는 시간 : 16.1시간
태양 주위를 한 바퀴 공전하는 시간 : 163년
평균 온도 : 섭씨 −200도
위성 : 14개

고리를 두른 행성

토성은 태양계에서 두 번째로 큰 행성이에요. 거의 대부분이 얼음으로 구성된 밝은 고리로 유명하지요. 사실 다른 세 개의 거대 가스 행성들에도 고리가 있지만, 얇고 어둡고 먼지가 많아서 선명하지 않아요. 목성과 마찬가지로 토성도 주로 수소와 헬륨으로 이루어져 있어요. 굉장히 빠른 바람과 행성 내부에서 올라오는 열은 이 행성의 대기에 흐릿한 노란색 띠들을 만들어 낸답니다.

토성
지름 : 12만 698킬로미터
태양으로부터의 거리 : 14억 3400만 킬로미터
한 바퀴 자전하는 시간 : 10.7시간
태양 주위를 한 바퀴 공전하는 시간 : 29.4년
평균 온도 : 섭씨 −140도
위성 : 83개

누워서 빙글빙글

천왕성에는 수소와 헬륨을 비롯해 물과 암모니아, 메탄 가스 등이 있어요. 대기 속에 포함된 메탄 가스 때문에 이 행성은 푸른빛이 감도는 녹색으로 보인답니다. 천왕성은 옆으로 누운 상태로 자전을 하면서 태양 주위를 돌고 있어요. 그래서 한쪽 극에만 42년 동안 계속해서 태양빛이 닿아요. 반대쪽 극 부분이 태양을 보려면 42년을 기다려야 하지요.

천왕성
지름 : 5만 724킬로미터
태양으로부터의 거리 : 28억 7300만 킬로미터
한 바퀴 자전하는 시간 : 17.2시간
태양 주위를 한 바퀴 공전하는 시간 : 83.7년
평균 온도 : 섭씨 −195도
위성 : 27개

가지각색 위성들

'위성'은 지구를 맴도는 달처럼 특정한 행성 주변을 일정한 주기로 돌고 있는 천체를 말해요. 태양계의 행성들은 200개가 넘는 위성을 거느리고 있답니다. 과학 기술이 발전하면서 더 많은 위성들이 속속 발견되고 있지요. 대부분은 거대 가스 행성 주위를 돌고 있고 크기가 자그마해요. 그러나 목성의 위성인 가니메데는 위성들 중 제일 크고, 수성보다도 더 크답니다.

타이탄, 메탄으로 이루어진 강이 흘러요

토성의 위성 가운데 하나인 타이탄은 위성들 중 유일하게 대기 밀도가 높아요. 기체들이 대기층에 빽빽이 몰려 있지요. 그리고 태양계에서 행성 표면에 액체가 존재하는 천체는 지구 이외에 타이탄밖에 없어요. 토성 탐사선인 카시니호는 타이탄 표면에 하위헌스 탐사선을 착륙시켰어요. 이 탐사선은 타이탄에서 강과 호수를 찾아냈는데, 거기에는 물이 아닌 액체 메탄이 가득했답니다.

양치기 위성, 먼지와 분화구가 많아요

토성을 에워싸고 있는 고리들 중에는 가장자리가 유독 또렷한 것들이 있어요. 이렇게 또렷한 형태가 유지되는 이유는 고리와 고리 사이 또는 그 근처에서 위성들이 공전을 하고 있기 때문이에요. 이런 위성들을 '양치기 위성'이라고 부른답니다. 고리를 이루는 입자들이 흩어지지 않도록 붙잡고 있는 모습이 마치 양 떼를 몰고 가는 양치기 같아서 이런 이름이 붙었지요.

유로파, 두꺼운 얼음 표면 아래 물이 많아요

목성의 위성 중 하나인 유로파는 표면이 얼음으로 뒤덮여 있어요. 이 얼음 아래에는 최대 100킬로미터 깊이의 해양층이 있는 것으로 보이고요. 즉 얼음 지각이 물 위에 떠 있는 식이지요. 이 바닷속에는 생명체가 살고 있을지도 몰라요. 유로파 위성이 세균에 오염되는 것을 막기 위해, 목성과 그 위성들을 탐사했던 갈릴레오 우주 탐사선은 일부러 목성의 대기로 들어가 불타 사라졌답니다.

트리톤, 액체 질소가 팡팡 터져요

화성보다 바깥쪽에 위치한 외행성의 주위를 도는 많은 위성은 소행성이에요. 이런 소행성들의 특징 중 하나는 다른 위성들과 반대 방향으로 공전을 하고 있다는 거예요. 해왕성의 주위를 도는 가장 큰 위성인 트리톤이 바로 그렇답니다. 온도가 극도로 낮은 트리톤에는 액체 질소와 메탄, 먼지가 뒤섞인 화산재를 분출하는 얼음 화산들이 있어요.

미란다, 갈라진 틈과 계곡, 얼음이 가득해요

천왕성의 작은 위성 미란다는 계곡과 깊게 파인 홈, 갈라진 틈들로 그 표면이 마치 천조각을 이어 붙인 것처럼 보여요. 표면이 이렇게 울퉁불퉁한 이유는 오래전에 충돌로 박살났다가 그 조각들이 궤도 안에서 다시 뭉쳤기 때문인 듯해요. 과학자들은 이 위성의 표면이 대부분 얼음일 거라고 생각해요.

가니메데, 두꺼운 얼음층이 있어요

목성의 위성인 가니메데는 태양계에 있는 위성 가운데 가장 크고, 심지어 행성인 수성보다도 크답니다. 이 위성은 최대 800킬로미터 두께의 얼음층으로 뒤덮여 있는 것으로 보여요. 가니메데와 목성 주변을 도는 다른 커다란 세 개의 위성(유로파, 칼리스토, 이오)은 1610년에 갈릴레오 갈릴레이가 처음 발견했어요. 그래서 이 네 개의 위성을 '갈릴레이 위성'이라고 부른답니다.

우주 속 꼬마들

셀 수도 없이 많은 소형 천체들이 태양계의 행성들 사이에서 혹은 그보다 더 멀리에서 태양 주위를 돌고 있어요. 그중에는 크기가 행성에 맞먹는 것도 있는데, 이것을 '왜행성'이라고 해요. 왜행성은 '카이퍼 벨트'라는 구역에서 많이 찾아볼 수 있답니다.

옛날에는 행성이었는데……

1930년에 미국의 천문학자 클라이드 톰보는 명왕성을 찾아냈어요. 태양계를 구성하는 아홉 번째 행성을 발견한 것이지요. 그런데 2005년에 멀리 떨어진 곳에서 '에리스'라는 이름의 또 다른 행성이 발견되었어요. 처음에는 에리스를 태양계의 열 번째 행성으로, 행성 목록에 올렸더랬어요. 하지만 천문학자들은 앞으로도 이런 행성들이 더 많이 발견될 거라는 사실을 깨달았어요. 그래서 명왕성과 에리스 같은 행성들을 '왜행성'으로 분류하기로 했답니다.

▲ 뉴 호라이즌스 우주 탐사선은 2015년에 명왕성을 지나, 지금은 카이퍼 벨트를 향해 계속 나아가고 있답니다.

벨트를 비교해 봅시다

'카이퍼 벨트'와 '소행성 벨트'는 비슷한 개념이지만, 카이퍼 벨트가 더 멀리 떨어져 있고 훨씬 더 크답니다. 카이퍼 벨트는 해왕성의 궤도 밖에 놓여 있고, 태양계보다 약 2배가량 크며, 혜성 같은 수많은 천체들로 이루어져 있어요. 소행성 벨트는 화성과 목성 사이에 걸쳐 있고요, 카이퍼 벨트는 소행성 벨트보다 20배 더 넓고 200배나 더 크지만, 너무나 멀리 떨어져 있어서 우리가 볼 수 있는 건 거의 없답니다.

▼ 원반 모양의 카이퍼 벨트는 해왕성의 궤도에서부터 태양 기준으로 74억 킬로미터까지 펼쳐져 있답니다.

 카이퍼 벨트

소행성 벨트

달걀 모양의 행성

'하우메아'라는 왜행성은 표면에 불그스름한 점이 있어요. 이 점이 빛을 반사하는 방식을 바탕으로 계산을 해 봤더니, 전체적인 모양이 기다란 타원형이라는 결과가 나왔어요. 긴 쪽이 짧은 쪽보다 두 배나 긴 계란형이었지요. 하우메아가 이런 특이한 모양을 하게 된 이유는 아마도 자전 속도가 너무 빨라서일 거예요. 네 시간마다 한 바퀴씩 자전을 하거든요. 이렇게 빠르게 자전하는 이유는 옛날에 뭔가와 세게 부딪혔기 때문인 것으로 보이고요.

▲ 하우메아는 밀도가 매우 높아요. 아마도 카이퍼 벨트에 있는 다른 천체들보다 바위는 더 많고 얼음은 더 적을 거예요.

▲ 에리스는 2005년에 찾아냈고, 2006년 9월 13일에 왜행성으로 분류되었어요.

여전사, 에리스

왜행성 '에리스'는 명왕성보다 더 멀리 떨어진 거리에서 태양 주위를 돌고 있어요. '디스노미아'라는 아주 작은 위성도 가지고 있지요. 처음에는 미국의 TV 드라마 《여전사 지나》의 제목을 따서 이름이 지어졌어요. 그러다 나중에 그리스 신화에 나오는 여신의 이름을 따 '에리스'라는 공식 이름을 얻게 되었지요. 그리스 신화에서 에리스는 다툼, 혼란, 불화의 여신이랍니다.

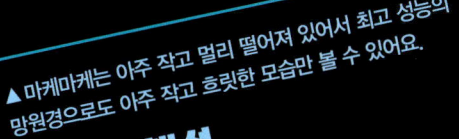

▲ 마케마케는 아주 작고 멀리 떨어져 있어서 최고 성능의 망원경으로도 아주 작고 흐릿한 모습만 볼 수 있어요.

머나먼 행성

왜행성 '마케마케'는 2005년 3월 31일에 미국 팔로마 천문대의 천문학자들이 찾아냈어요. '마케마케'라는 이름은 이스터섬 주민들이 믿는 신의 이름에서 따왔어요. 이 왜행성을 발견한 날이 부활절이었기 때문이에요. 부활절을 영어로 '이스터(Easter)'라고 하는데, 같은 이름의 섬과 관련해 이 왜행성의 이름을 지은 것이지요. 마케마케는 너무나 멀리 떨어져 있어서 태양을 한 바퀴 도는 데 거의 310년이나 걸린답니다.

▼ 왜행성 세레스에는 얇고 먼지 쌓인 지각 아래에 두꺼운 얼음층이 있는 것으로 보여요.

가장 큰 소행성

소행성 '세레스'는 지름이 590킬로미터로, 소행성 벨트에서 제일 큰 천체랍니다. 1801년, 세레스를 처음 찾아냈을 때는 혜성이라고 생각했어요. 이후 더 작고 비슷한 천체가 발견되면서 이런 천체들을 일컫기 위해 '소행성'이라는 말이 만들어졌어요. 이후 명왕성이 결국 '왜행성'으로 다시 분류되면서 세레스도 왜행성으로 분류되었답니다. 2007년에 우주로 쏘아 올린 '던'이라는 탐사선은 2011년에 세레스 다음으로 큰 소행성인 '베스타'를 지나 2015년에 세레스의 궤도에 올랐어요. 그리고 임무가 종료된 2018년까지 탐사 활동을 계속 이어 나갔답니다.

지금 우주는

극한의 세계로

태양계에서는 극단적이고 이상한 현상들이 나타나곤 해요. 유황을 마구 쏟아 내는 화산, 혜성 폭풍, 행성의 대기에서 나오는 알 수 없는 빛 등 과학자들을 놀라게 하고 매료시키는 많은 일들이 발생하지요. 과학자들이 태양계를 더 깊게 파헤칠수록 놀랄 만한 일들이 계속해서 튀어나오고 있어요.

▼ 목성의 위성인 '이오'에서 화산 활동이 일어나는 이유는 목성과 다른 위성들이 잡아당기는 중력 때문이에요.

화산 지옥

목성의 위성 중 하나인 이오는 태양계에서 지질학적 작용이 제일 활발한 곳이에요. 이 작은 천체는 수많은 활화산들로 뒤덮여 있어요. 표면의 노란색, 주황색, 검은색은 유황이 각각 다른 온도일 때 나타내는 색깔이에요. 흰색은 이산화 황의 서리가 내린 부분이고요. 태양계에서 이오 이외에 활화산이 발견된 곳은 지구와 토성의 위성인 엔셀라두스, 단 두 곳뿐이에요.

극 지역의 빛

목성과 토성의 극 지역에는 이따금 '오로라'라는 희미한 빛이 일렁인답니다. 이들 행성의 위성에서 날아온 입자들이 연료가 되어 빛을 내는 것이지요. 허블 우주 망원경이 찍은 사진을 보면 오로라가 푸른빛을 띠는데, 이건 자외선 카메라로 찍었기 때문이에요. 사실은 붉은색과 보라색이랍니다. 이 빛깔은 들뜬 수소 분자에서 나오는 거예요.

'오로라'라는 명칭은 로마 신화 속 새벽의 여신 이름에서 따온 거예요.

▲ 토성의 오로라는 희미한 빛을 내요. 구름 너머 최대 1000킬로미터 위까지 빛을 발산합니다.

지구에서 가까운 천체

태양계에는 셀 수 없이 많은 혜성과 소행성이 날아다니고 있어요. 이들의 궤도는 간혹 다른 행성이나 위성의 중력에 이끌려 지구와 더 가까워지기도 해요. 이렇게 지구와 가까운 천체들 중 일부는 지구에 위험할 수 있기 때문에, 과학자들은 수천 개에 이르는 천체의 궤도를 면밀하게 관찰하고 있답니다. 매년 바위로 이루어진 작은 소행성들이 날아와 지구와 충돌하지만, 정말로 큰 충격은 몇천 년에 한 번씩만 발생하고 있어요.

◀ 2013년 2월 13일, 지구와 가까운 소행성 하나가 지구의 대기를 뚫고 들어와 러시아 첼랴빈스크의 하늘 위에서 폭발한 일이 있었답니다.

온도의 극과 극

태양계의 온도는 극과 극이랍니다. 태양 한가운데의 섭씨 1500만 도부터 태양계 제일 끄트머리에 있는 '오르트 구름'의 절대 온도보다 약간 높은 정도까지(섭씨 −273도) 그야말로 극을 달리지요.

> " 태양에 매우 가깝게 다가가는 '이케야-세키'라는 혜성은 1965년에 45만 킬로미터까지 태양에 근접했지만 멀쩡히 살아남았답니다! "

▲ 긴 꼬리가 있는 혜성(왼쪽)이 태양을 스쳐 지나가는 모습이 SOHO 탐사선에 잡혔어요.

얼음 폭풍

2011년 12월에 우주에서 혜성 폭풍이 시작됐어요. 열흘 동안 '태양에 매우 가깝게 다가가는 혜성'이라고 알려진 25개의 혜성이 태양 속으로 뛰어드는 모습이 포착되었지요. '태양과 태양권 관측 위성(SOHO)'이라는 우주 탐사선이 이 모습을 찍었는데, 그런 식의 혜성 폭풍은 이전에 한 번도 본 적이 없답니다. 1995년에 우주로 올라간 SOHO는 태양을 관측하는 동안 2400개가 넘는 혜성을 발견했어요.

찾아보기

볼드체(굵게 표시한 것)는 주제를 설명하는 글에 해당하고,
이탤릭체(기울어지게 표시한 것)는 그림이나 사진 설명에 해당합니다.

가니메데 144
가스 행성 **142-3**
가이거 계측기 110
각막 60, *60*, 61
간 51, 55, 76
갈릴레오 갈릴레이 135
갈릴레이 위성 135, 144
감각 수용체 59
감각 피질 57, *57*
감마선 38, 39, 111, 126, 128
감전 108
갑상샘 77
갑상샘 글로불린 76, *76*
거대분자운(GMC) 112
거대 질량 블랙홀 34
거리의 조명 80
거인증 64
걸음마 단계 64, *64*
게성운 초신성 **8-9**
경유(디젤) 99
고에너지 입체 시스템(HESS) 128, *128*
고체 연료 로켓 추친체(SRB) 11
골격계 44, *44*, 45, **68-9**
골디락스 행성 130
골수 68
골지체 49, *49*
공기 **82-83**
공해 83
과학자 **28-9, 32-3, 104-5**
관성 37
관절 65, 68, *68*, 69, 74, *74*
광구 132
광년 19, 117, 118, 119, 122
광학 현미경 23
광합성 141
광화학 스모그 83
교류(AC) 32
구리 11, *11*

국부 은하군 121, *121*
국제 우주 정거장(ISS) 20, *20*
궁수자리 KW 19, *19*
그래핀 93
극저온 **94-95**
근섬유 67
근육 44, *44*, 50, 51, 53, 54, 55, 63, 65, **66-7**, 77
글라이더 32, 33
글루온 40
글리코겐 51, 55
금 89
금성 **16-17**, 134, 135, 136, 137
금속 17, **84-5**
금속성 수소 97
기관계 **44-45**
기억 56, 57
꽃가루 25, *25*
꿀벌 103
끓는점 16

나미비아 128
나선 은하 118, 120
나트륨 84, *84*, 87, *87*
나프타 99
난자 세포 48, *48*
난소 77
난자 62, *62*
남극광 133
남극 대륙 15, *15*
남아프리카 공화국 129
납 91
내분비계 44, *44*
내파 8
내화 소재 87
냉각 **14-15**
냉동 치료 95
냉장 86, 105
네온 80, 83
노년기 65
녹 10, *10*
뇌 44, *48*, **56-7**, 59, 61, 64, 67

152

뇌관 9
뇌반구 56, *56*, 57
뇌하수체 64, 76, 77
눈 **60-1**, 77
눈동자(동공) 60, *60*
눈 모양 은하 34, *34*
뉴턴 30
니콜라 테슬라 32, *32*, 109
니트로글리세린 9, 104, 105

다른 행성의 생명체 130, 141
다이너마이트 9, 105
다이아몬드 92
다중 우주 117
단백질 49, 50, *50*, 64
단열(절연) 86, 108
대기(공기) 82
대기압 96
대뇌 피질 56, 57
대장균 71, *71*
대적점(목성의 커다란 붉은 점) 135, 142, *142*
대형 강입자 충돌기(LHC) **36-7**
도플러그램 132
독성 광물 **90-1**
독수리성운 119, *119*
동맥 53, 56, *56*
동맥조형도 53, *53*
동위원소 39
드라이아이스 81
등자뼈 68, *68*
디스노미아 147
딱지 52, *52*
땀 55

라디오파(선파) 21, 126, 128, 129
라듐 85
라이다 27
랑게르한스섬 76, *76*

레이저 광선 26, 27, 81
리보솜 48, 49
리겔 123
로버트 오펜하이머 105
로저 베이컨 104
로켓 11, *11*, 102, 103
리소좀 49, *49*
림프계 45, *45*

ㅁ

마그네슘 84, 85
마리 퀴리 85, *85*
마리아나 해구 97
마우나케아산 128, 129
마이클 패러데이 108
마케마케 147, *147*
말단 비대증 64
말초 신경계 58
망막 61
망원경 **20-1**, 118, **126-7**, **128-9**, 148
맨해튼 프로젝트 105
머리카락 22, *22*, **46-7**, 50, 65, 70
머릿니 24, *25*, 70, *70*
메탄 81, 99, 141, 143, 144
면화약 104
면역계 45, *45*, **72-3**, **74-5**
명왕성 135, 146, 147
모리스 크래프트, 카티야 크래프트 부부 28
모세혈관 53
목성 18, *18*, 127, 135, 142, *142*, 144
목성형 행성 **142-3**
몸에 사는 벌레 **70-71**
몸통 뼈대 69, *69*
무중력 101
물 44, 50, 135, 137, 139
물의 어는점 14, 15
물질 **12-13**
미란다 144
미엘린 58
미오신 67
미토콘드리아 49, *49*, 54
밀레니엄 런 21, *21*

밀리미터파 천문학 연구 연합(CARMA) 129, *129*

바위 행성 **136–7**, **140–1**
바이러스 23, *23*
박테리아(세균) 23, *23*, 48, **70–1**, 74
방광 44, 75, *75*
방사선 **38–9**, 85, **110–11**, 112, 128, 132, 139
방사성 탄소 연대 측정 39, *39*
방탄복 107
방탄유리 107
방탄조끼 13, *13*
배아 62, 63, *63*, 75, *75*
배터리 91
백색 왜성 124, *124*
백신 74, 75
백연석 91
백혈구 52
밴더그래프 정전 발전기 108, 109
밴앨런대 135
버밀리언 91
버크민스터풀러렌(버키볼) 95
번개(벼락) 80, 108
베르너 폰 브라운 33, *33*
베르니케 영역 57, *57*
베릴륨 90
베타 방사선 38, 39, 110
베텔게우스 123
변연계 57, *57*
별 17, *17*, 19, *19*, 31, *31*, 41, 118, 119, 120, 121, 126, 128, 131
별의 죽음 **124–5**
별의 탄생 **112–3**, **122–3**
별자리 123, *123*
보스–아인슈타인 응축(BEC) 14, *14*, 81
보크 구상체 113
부메랑성운 14, *14*
부상 95
부식성 **88–89**
부탄 99
북극광 133
분만 63
분비선 44, 47

분자 23
불 **100–1**
불소 87
불소 수지 86
불타는 얼음 81
불꽃놀이 11, *11*, 103
브로민 87
블랙홀 **34–5**, 97, 125, 126
비 89
비뇨계 44, *44*, 45
비료 82
비소 19, *19*
빅뱅 17, *17*, 41, 97, **116–7**, 123
빙산 15, *15*
빛 **26–7**
뼈 50, 51, 64, 65, 68–9
뼈세포 68
뼈세포방 68
뼈 잔기둥 69, *69*

사건의 지평선 35
사이보그 33, *33*
사춘기 65, 77
산(acid) 10, **88–89**
산성비 89
산소 45, 50, 51, 53, 54, 56, 66, 82, 83, 100, 101, 105, 137, 141
산화 철 137
살균제 86, 87
새로운 생명 **62–3**
새턴 V 로켓 30
샌프란시스코 지진 31, *31*
생식계 44, *44*, 45, *45*
생식기 44
석면 91
석유 **98–9**
석유 왁스 98
석탄 16, 89
석회석 89
선충류 25
섬유소 52, *52*, 53

성관계 62
성냥 100
성단 122
성운 14, *14*, 112, **114-5**, 119, *119*, 124, *124*
성장 **64-5**, 77
성진 31, *31*
성 호르몬 77
세레스 147, *147*
세포핵 49, *49*, 59
세슘 84
세제 88
세포 22, *22*, 44, 45, 46, 47, *47*, **48-9**, 50, *50*, 52, *52*, 53, *53*, 54, 56, 58, 59, 68, 75
세포 골격 48, 49
세포 소기관 49
세포질 49, *49*
셀레늄 91
소금 22, *22*
소뇌 57, *57*
소독약 86
소름 55
소방 82, *82*, 97, 98, 100
소행성 144, 146, 147, 149
소행성 벨트 146
소화계 44, *44*
손발톱 **46-7**, 50
송전선 109
수상돌기 59
수성 135, 136
수소 10, 40, 82, 84, 85, 88, 97, 112, 117, 122, 124, 133, 142, 143, 148
수소 폭탄 39
수압 **96-7**
수정체 60, 61, *61*
수축 67
순환계 44, 45, *45*
숯 92, 102
슈메이커-레비 9 혜성 127
슈퍼문 139, *139*
슈퍼지구 130
스모그 83
스퀘어킬로미터 어레이(SKA) 129, *129*
스테로이드 77
스테파니 퀄렉 13

스테판의 4중주 116, *116*
스파크(불꽃) 100, 108, 109
스피처 적외선 우주 망원경 127, *127*
슬론 장성 19
시각 피질 57, *57*, 61
시냅스 59
시브리처 잠수정 13, *13*
시상 하부 55, 57, *57*
시신경 61
신경 44, 57, **58-9**
신경계 44, 57, **58-9**
신경 섬유 58, *58*
신경 전달 물질 59
신장 44
심장 53, *53*, 66, 77
심장근 53, 66, *66*
쌍둥이 62
쌍성 122

아기 **62-63**, 64, *64*
아드레날린 77
아르크투루스 19, *19*
아메바 25, *25*
아미노산 49
아벨 2744 성단 117, *117*
아세틸렌 토치 101
아스카니오 소브레로 104
아스팔트 98
아이오딘 86, *86*
안드로메다은하 118, *118*, 119, 121
안테나은하 119, *119*
알루미늄 84
알파 방사선 38, 39, 110
암모니아 141, 143
압력 **96-7**
액틴 67
액포 49, *49*
액화 석유 가스(LPG) 98
양치기 위성 144
얼음 81, 84
에너지 **38-9**, 44, 50, **54-5**, 66, 76, 77, **110-11**, 116, 119,

122, 126
에드윈 허블 116
에리스 135, 146, 147, *147*
에스트로겐 77
에어로젤 12, *12*
에타 17, *17*
엔도르핀 95
엔셀라두스 148
엠마머스크 30, *30*
연골 69
연료 89, **98–9**
연소 87, **100–1**
열에너지 **16–17**, **54–5**
열핵폭탄 39, *39*
열화상 16, *16*, 54, *54*
염산 86, 88, 89
염색체 49, 62
염소 86, 87
염화 수소 88
오로라 133, *133*, 148
오리온성운 **114–5**
오존 83
오토 릴리엔탈 32, *32*
올림푸스몬스 화산 135
왜행성 **146–7**
왁스 98
외계 행성 **130–1**
요한 콘라트 디펠 32, *32*
우르츠광 질화 붕소 13, *13*
우주 **18–19**, **114–49**
우주 망원경 117, 118, **126–9**
우주 배경 복사 116
우주선(우주 탐사선) 116, 117, 131, *131*, 135, 139, 140, 141, 144, 146, 147
우주 왕복선 126
우주의 탄생 **40–1**
운동 55, 67
운동량 36, 37
운동 에너지 106
운동 피질 57, *57*
운석 97, 141
워터 제트 커터 97
원시 행성 138
원유 **98–9**

원자 23, 38, 40, 80, 81, 83, 112
원자력 **38–9**, 111
원자 충돌 가속기 109
원자 폭탄 105
원자 현미경(AFM) 23
원추 세포 61
원충 25, *25*
월경 65, 77
월식 138
웜홀 35
위 44
위대한 관측 프로그램 127
위성 135, **138–9**, **144–5**, 147, 148
윌리엄 허셜 135
유럽 우주국 127
유로파 144
유리 81, *81*, 88, 90, 107
유산소 운동/무산소 운동 66
윤활유 99
은하 19, *19*, 21, 34, *34*, 35, 41, 116, 117, *117*, **118–21**, 125, 128
은하수(우리은하) 19, *19*, 21, 34, 41, 119, **120–1**, 125
응고 52, 53
이산화 탄소 45, 51, 81, 89, 136, 137, 141
이산화 황 89
이상한 물질 **80–1**
이오 148
이케야–세키 149
인 90, 101
인간 게놈 프로젝트 20
인공 관절, 인공 손과 팔 74, *74*
인공위성 122, *122*, 126, *126*, 135
인공 피부 47, *47*
인대 69
인슐린 76
일식 138, *138*
임신 **62–3**, 65

ㅈ

자궁 51, 62, 63, *63*
자궁샘 51, *51*
자기 공명 영상(MRI) 26, *26*

자기 폭풍 132
자동차 **30-1**
자연 발화 101
자외선 27, *27*, 83, 126, 128
잠수 96
잠수함 38, *38*
장기 이식 75, *75*
절대 온도 0도 14, 92
적색 거성 124, *124*
적색 편이 116
적외선 126, 127, 129
적응과학(AO) 27
적혈구 22, *22*
전기 32, 83, **108-9**
전류 108
전압 108, 109
전자 110
전자기파 스펙트럼 126, 127
전자 현미경 23
전전두 피질 56, *56*
전파 망원경 20, 21, 129
접촉을 통한 힘 31
정맥 53
정자 48, *48*, 62, 65, 77
정전기 108
정제 98
젖산 66
제임스 웹 우주 망원경 127, *127*
제트기 13, *13*
제트기 엔진 99
조류(규조류) 25, *25*
조면 소포체 48, 49
조반니 도메니코 카시니 135
조충 71, *71*
주기율표 82, 84
주사 전자 현미경(SEM) **6-7, 42-3**
주사 터널링 현미경(STM) 22, 23
줄기세포 75
중력 97, 101, 112, 113, 125, 134, 149
중성자별 125
중유 99
중추 신경계 **58-9**
지각 84, 90
지구 18, *18*, 41, 120, 134, 135, 137, 138, 148

지구에서 가까운 천체 149
지구의 위성 **138-9**
지구형 행성 **136-7**
지문 27
지방 47, *47*, 50, 55
지방 세포 50, *50*
지진 30, 31
진드기 70, *70*
진사 91
질량 36, 37
질산 칼륨 102
질소 82
질소 고정 82
짚더미 101

차르 봄바 39
찬드라 X선 우주 망원경 126, *126*
채석장 9, *9*
채층 132
처녀자리 은하단 19
척 도스웰 29
척수 58
척추 65
천문 64
천문단위 134
천연두 75, *75*
천왕성 134, 135, 143, 144
철 51, 84, 132
철갑탄 107
철강 101
철거 8, *8*
체렌코프 방사선 110, 128
체르노빌 원자력 발전소 39, *39*, 111
체온 16, **54-5**
초신성 **8-9**, 34, 123, 125, *125*
초은하단 19
초파리 **6-7**, 24, *24*
총알 **78-79, 106-7**
축삭 59
충격파 98, 102, 112, 113
충돌 시험 37, *37*

췌장 76
췌장 세포 49

카드뮴 91
카르스트 지형 89
카를 린데 105
카이퍼 벨트 135, 146
카파 카시오페이아 121, *121*
칼륨 51, 59, 85, 101
칼슘 51, *51*, 68, *68*
컴퓨터 시뮬레이션 21, *21*
케라틴 47
케블라 13, *13*, 107
케빈 워릭 33, *33*
케플러-22b 130, *131*
케플러-20e 131
케플러-20-f 131
케플러-62e 130
케플러 탐사선 131, *131*
켁 천문대 128, *128*
코로나 132
코로나바이러스 23, *23*
콜라 화학 반응 10, *10*
콜린 퓰럼 28
콤프턴 감마선 우주 망원경 127
쿼크 40
퀘이사 125
큐리오시티 탐사차 141
크리스티안 도플러 32, *32*
크리스티안 쇤바인 104
크리스티안 하위헌스 135
큰곰자리 123
클라이드 톰보 135, 146

타원 은하 118
타이탄 135, 144
탄산 89
탄소 **92–3**

탄소 강화 플라스틱(CRP) 12, *12*
탄소 연대 측정 39
탄수화물 51, 55
탄화수소 98
탈륨 90
태아 63, *63*
태양 17, *17*, 18, *18*, 38, 41, 120, 122, 124, **132–3**, 134, 136, 137, 138
태양계 41, **134–5**, **148–9**
태양과 태양권 관측 위성(SOHO) 149
태양에 매우 가깝게 다가가는 혜성 149, *149*
태양 표면 폭발 132
태양풍 133
테라포밍 141
테스토스테론 77, *77*
테슬라 코일 109
테이아 138
토네이도 29, *29*
토성 135, 143, 144, 148
톨룬드맨 39, *39*
트라이나이트로톨루엔(TNT) 9, 82
트리톤 15, *15*, 144
특이점 116
티타늄 13

파란색 별 123
패러데이 케이지 108, *108*
펄사 126
페르미 감마선 우주 망원경 126, *126*
페르세우스자리-물고기자리 초은하단 19
펜탄 99
폐 45
폐경 65
포도당(글루코스) 55, 66, 76
폭발 **8–9**
폭약 82, 98, **102–5**
폭탄 9, 39, *39*
폭풍을 뒤쫓는 사람들 29, *29*
표피 47, *47*
프랑슘 84
프록시마켄타우리 122

플라스마 80, *80*, 83, 100
플라스틱 88
플랑크 시기 40
플랑크의 압력 97
플래시오버 100
플레이아데스 122, *122*
플루오린 86, 87
플루토늄 111
프로게스테론 77
피부 44, 45, **46-7**, 50, 55, 59, 65, 77
피부계 44, *44*
피하 지방 47, *47*

하늘을 날아 보려는 시도 32, 33
하얀 납(백연) 91
하와이 128
하우메아 147, *147*
할로겐 **86-7**
할로겐 전구 87, *87*
합금 13
항생제 74
항체 45, 50, 75
해마 57, *57*
해왕성 15, *15*, 134, 135, 143, 144
핵산 51
핵융합 112
행성 **18-19**, 113, 123, **130-1**, **134-5**, **136-7**, **140-1**, **142-3**, **146-7**
허블 우주 망원경 118, 127, *127*, 148
허셜 우주 망원경 127, *127*
헤르만 슈프렝겔 105
헤모글로빈 50, 51, 53
헤이젤 바턴 29
헬렌 메이너드-카셀리 28
헬륨 15, 112, 122, 127, 132, 142, 143
헬리코박터 파일로리 24, *24*
현미경 **6-7**, **22-3**, **24-5**, **42-3**
현미경 속 동물원 **24-5**
혈관 45, 53, *53*
혈소판 52
혈액 45, 47, *47*, 51, **52-3**, 56, 68, 77

혈전 **42-3**
호르몬 44, 50, 64, **76-7**
호주 129
호흡계 45, *45*
홀로그램 26, *26*
홍채 60, *60*
화가자리 A 은하 35
화산 9, *9*, 28, 136, 144, 148
화산폭발지수 9
화산학자 28, 29
화산 호수 16
화석 연료 89, **98-9**
화성 134, 135, 137, 140-1
화약 11, 102, 103, 104
화이트홀 35
화학 반응 **10-11**
확산 화염 101
활모양 충격파 121, *121*
황 102, 148
황산 89, 136
효소 50
회색질 57
후추 22, *22*
후쿠시마 111
휘발유(가솔린) 99
흑연 92, 93
흑점 133, *133*
히파르코스 인공위성 122, *122*
힉스 보손 36, 37
힌덴부르크 비행선 82, *82*
힘 **30-1**
힘줄 50, 67

ATP 49, 54
DNA 20, *20*, 23, *23*, 49, 51, *51*
F22 랩터 13, *13*
LCROSS 계획 13
M87 은하 35
NGC 4438 은하 34, *34*
NGC 6397 구상 성단 41
SSC 얼티밋 에어로 TT 자동차 30
VLA 20-1
X선 126, 128

최강 과학 백과

초판 1쇄 발행 2023년 3월 20일 | **지은이** 마일즈켈리 편집부 | **옮긴이** 황덕창
펴낸곳 보랏빛소 | **펴낸이** 김철원 | **책임편집** 김이슬 | **편집** 김시경 | **마케팅·홍보** 이태훈 | **디자인** 김규림
출판신고 2014년 11월 26일 제2015-000327호 | **주소** 서울시 마포구 포은로 81-1 에스빌딩 201호
대표전화·팩시밀리 070-8668-8802 (F)02-323-8803 | **이메일** boracow8800@gmail.com

ISBN 979-11-90867-97-9 (74030)
ISBN 979-11-90867-83-2 (세트)

First published in 2015 by Miles Kelly Publishing Ltd
Harding's Barn, Bardfield End Green, Thaxted, Essex, CM6 3PX, UK
Copyright @ Miles Kelly Publishing Ltd 2015
All rights reserved.
No part of this publication may be reproduced, stored in a retrieval system,
or transmitted by any means, electronic, mechanical, photocopying, recording,
or otherwise, without the prior permission of the copyright holder.

KOREAN language edition ⓒ 2023 by Borabit So Publishing Co.
KOREAN language edition arranged with Miles Kelly Publishing Ltd. through POP Agency, Korea.

● 이 책의 한국어판 저작권은 팝 에이전시(POP Agency)를 통한 저작권사와의 독점 계약으로 보랏빛소가 소유합니다.
신 저작권법에 의하여 한국 내에서 보호를 받는 저작물이므로 무단전재와 무단복제를 금합니다.